保育者養成校の学生のための実習ガイドブック

~ 教育実習・保育実習のための完全ガイド ~

佐々木 郁子 著

学術図書出版社

はじめに

　このガイドブックは，保育者を目指すみなさんが実習を通じて学びを深め，成長できることを願って作りました。実習は，学びの集大成であり，理論と実践を結びつける重要な機会です。そして，将来の保育者としての土台を作るために欠かせない時間です。しっかりと準備をして，実習を有意義に過ごしましょう。

　実習には，子どもたちと直接かかわる楽しさがありますが，同時に不安や心配もつきものです。私自身，保育現場で実習生を受け入れていた経験から，その不安をよく理解しています。「子どもや先生方とどのように接してよいのかわからない」「責任実習がとにかく怖い」「自分は保育者に向いていないのではないか」といった悩みを多くの実習生から聞き，心苦しく感じていました。そんな思いから，私は学生への支援を行うために大学院へ進み，大学教員としての道を選びました。

　実習中には，子どもたちの笑顔や成長を見守る素晴らしさを感じると同時に，うまくいかないことや困難な状況にも直面することもあるかもしれません。しかし，そうした経験こそがみなさんをより強く，柔軟な保育者へと育てます。みなさんは，どんな状況でも前向きな姿勢を忘れずに学びを深めることが大切です。実習を通じて，保育の魅力である奥深さや難しさ，そしてやりがいを感じてください。そして，子どもたちに分け隔てない愛情，見返りのない無償の愛情を注げる，優しさと強さを兼ね備えた保育者になってほしいと心から願っています。

　このガイドブックでは，実習前の準備から実習中，実習後まで役立つ実践的な内容を紹介しています。具体的なシーンをイメージしながら準備を進めることで，実習に関する不安を少しでも解消できるように工夫しました。実習を通じて自分自身の成長を感じ，自信を持って未来の保育者として歩んでいけるよう，このガイドブックが少しでも力になれれば嬉しいです。

2024 年 11 月 10 日
佐々木　郁子

目　　次

第1章　実習の基礎
　　第1節　実習の意義 ……… 5
　　第2節　実習の段階と内容 ……… 7
　　第3節　実習までの流れ ……… 9
　　第4節　教育実習・保育実習 ……… 10

第2章　実習園の配属と提出書類
　　第1節　実習園の選定 ……… 13
　　第2節　配属希望調査 ……… 15
　　第3節　実習受け入れ依頼 ……… 16
　　第4節　実習に必要な書類 ……… 21
　　第5節　健康診断と各種検査 ……… 24

第3章　実習前
　　第1節　実習に必要な心構え ……… 26
　　第2節　事前オリエンテーション ……… 29
　　第3節　実習園の概要・環境構成図 ……… 41
　　第4節　実習全体の目標 ……… 43
　　第5節　実習前の事前確認 ……… 46
　　第6節　訪問指導教員への挨拶 ……… 49
　　第7節　実習の辞退 ……… 50

第4章　実習に向けた実践
　　第1節　模擬保育 ……… 52
　　第2節　保育教材の製作 ……… 56
　　第3節　絵本の読み聞かせ ……… 60
　　第4節　手遊び・童歌 ……… 64
　　第5節　隙間時間の遊び ……… 66
　　第6節　主活動(戸外・室内・製作) ……… 70

第5章　実習中

　第1節　実習中に気を付けること ……… 76
　第2節　実習の一日の流れ ……… 78
　第3節　実習初日の自己紹介 ……… 80
　第4節　実習日誌（時系列/エピソード記述） ……… 85
　第5節　実習指導案（部分・責任実習） ……… 95
　第6節　給食費の支払い方法 ……… 103
　第7節　訪問指導 ……… 103
　第8節　個人情報やSNSについて ……… 104
　第9節　実習の中断・中止・延期 ……… 105

第6章　実習後

　第1節　実習園への実習日誌提出 ……… 107
　第2節　お礼状の送付 ……… 109
　第3節　学内での事後指導 ……… 111

関連資料

　資料1．実習園の概要 ……… 115
　資料2．事前オリエンテーション ……… 116
　資料3．実習予定表 ……… 117
　資料4．実習生個人票 ……… 118
　資料5．実習園環境構成図 ……… 119
　資料6．日誌（時系列） ……… 120
　資料7．日誌（時系列/エピソード記述） ……… 122
　資料8．指導案（部分実習） ……… 124
　資料9．指導案（責任実習） ……… 125
　資料10．訪問指導依頼書 ……… 127
　資料11．手遊び・童歌リスト ……… 128
　資料12．絵本読み聞かせリスト ……… 129
　資料13．遊びリスト ……… 131

写真提供　郡山女子大学附属幼稚園

第1章 実習の基礎

第1節　実習の意義

保育者養成校における実習

　保育者養成校における実習には，教育実習，保育実習，施設実習があります。これらの実習は，幼稚園教諭免許状，保育士資格を取得するために必要です。ただ，それだけではありません。実習を通して自分自身を知り，保育者としての自己課題に気付く機会，子どもの実態を知る機会，保育者の職務内容や役割を知る機会，養成校での学びを実践する機会などの意義(価値)があります。

実習は自分自身を知り，自己課題に気付く機会

　実習は，自分の特性や耐性などを知る機会です。例えば，「自分は忍耐力があり，どんなに辛いことがあっても乗り越えられると思っていたのに，実習で思うように動けず自信を無くし，考えすぎて寝込んでしまった。こんなにも自分が弱いことに気づいた。」また，「人前で何かをするのが苦手なはずなのに，子どもたちの前で堂々と歌うことや，絵本を読むことができ，自分でも驚いた」などです。自分自身を客観的にみることで，これまで知らなかった新たな自分を知ると同時に，保育者としての自己課題に気付く機会となります。

実習は子どもの実態を知る機会

　養成校の授業では，教科書や映像を見て子どもの発達過程や遊びの様子などを学びますが，実際に保育現場に行くと，教科書通りに，こちらの都合の良いように子どもたちは行動しません。養成校で学んだことはあくまでも一般的な内容ですので，自分の目の前にいる子どもたちの様子を自分の目でしっかり見て，子どもの実態を知ることが大切です。みなさんは，一人ひとりの発達や特性，興味・関心を持っていることなどをよく観察した上で，集団の子どもに対するかかわり方，個に対するかかわり方などを学ぶ機会となります。

実習は保育者の職務内容や役割を知る機会

　保育者の仕事とは一体何でしょうか。保護者が仕事に行っている間，ただ一緒に遊ぶことでしょうか。小学校の学習に繋げるためにひらがなや数字を教えるだけでしょうか。保育者は，子どもと直接かかわること以外の仕事もたくさんあります。保護者支援はもちろんですが，様々な行事に関する企画や製作準備，クラスだより，月案・週案などの書類作成などもあります。また，子どもたちにとって保育者はお手本でなければなりません。ちょっとした視線や仕草，言葉遣い，物の置き方，人との接し方，善悪の判断など，保育者が子どもに与える影響はとても大きいのです。保育者も子どもは自分の鏡だと思いながら一緒に学び，成長し続けなければなりません。

実習は養成校での学びを実践する機会

　実習は，学内で学習してきた幼児保育に関わる専門的な学習と体験を有機的に統合して実践する機会です。実習生ではなく，保育者として，「子どもの視点」で保育を理解し，子どもの内面や心情に寄り添い，しっかりと向き合う体験を積むことで，学内の学びを深めます。また，実習後の振り返りをもとに，次への実習へ向けた準備をします。特に，部分実習や責任実習などの準備は，子どもの実態を把握したうえで，子どもの年齢や発達段階，興味・関心などを考慮し，ねらいを立てます。立案した活動内容に沿って実践し，うまくいったこと，失敗したこと等を振り返ります。

第2節　実習の段階と内容

観察実習および参加実習

　「**観察実習**」とは，先生方や子どもたちの動き，一日の流れを観察して記録する実習です。この観察実習の捉え方は，養成校や実習園によって多少違いがあります。全く子どもたちとかかわらずに少し離れた場所から客観的に観察をする場合と，子どもたちとかかわりながら保育者や子どもたちの動きを観察する場合です。

　「**参加実習**」とは，実際に保育に入り，先生方の指示に従い必要な補助をしながら子どもとかかわる実習です。ただし，補助と言っても子どもたちにとっては「先生」ですので，責任を持って行動することが大切です。

　養成校や実習園によっては「**観察・参加実習**」と呼ぶ場合もあります。実習前に養成校や実習園がどのような捉え方をしているのかを確認しましょう。

部分実習

　「**部分実習**」とは，絵本の読み聞かせや手遊び，ピアノ等の保育の一部を任せてもらい，実習生が先生として一人で子どもたちとかかわる実習です。事前オリエンテーションで，いつどのようなことをやらせていただけるかを先生に相談させてもらいます。園の先生から，もしくはみなさんから「○月○日の○時に絵本の読み聞かせをお願いします」と日時まで決める場合と，実習が始まってから配属クラスの担任の先生にご相談して決める場合があります。

　また，部分実習の捉え方は養成校や実習園によって変わります。例えば，一部（手遊び，絵本の読みきかせ）ではなく，時間（30分とか2時間とか）で区切ったり，場面（朝の会・給食・帰りの会）で区切ったり，半日と捉える場合もあります。さらに，部分実習を行うにあたり，指導案を書く場合と書かない場合があります。実際にこんなこともあります。初めての観察実習で「ピアノを含めた朝の会をやってください」とか「30分間の活動を考えて実践してみてください」なんて言われることもあります。実習園との事前オリエンテーションでよく確認し，養成校の担当教員にも事前に相談することが大切です。

責任実習（本実習・総合実習・全日実習）

　「**責任実習**」とは，呼び方は養成校や実習園によって違いはありますが，捉え方はほぼ同じです。登園から降園までの一日の保育をすべて任せてもらい，立案をし，指導案を作成した上で保育を行います。責任実習を行う回数は，養成校や実習園によって1～3回程度と多少違いがありますが，最低でも1回は行えるように実習園にお願いしましょう。

　まずは，配属クラスの子どもたちの様子や一日の流れを把握し，朝の会や帰りの会の内容や給食の配膳の仕方，水分補給や排泄のタイミング，トラブルが起きた際の対応など，担任の先生の動きや子どもたちへの働きかけをよく観察しておく必要があります。また，自由保育の園以外は，一日の中で主活動（戸外遊びや室内遊び，製作遊びなど）の時間がありますので，子どもたちの発達段階や好きな遊び，興味・関心のあることなどをよく観察し，子どもたちに適した活動内容を考えましょう。実習園によっては，自由保育，異年齢保育などによって一斉保育を行っていない園もありますので，実習生が主活動を考えて実際に行うのかどうかを事前に確認しておきましょう。

第３節　実習までの流れ

実習の基本的な流れをフローチャートで示します。

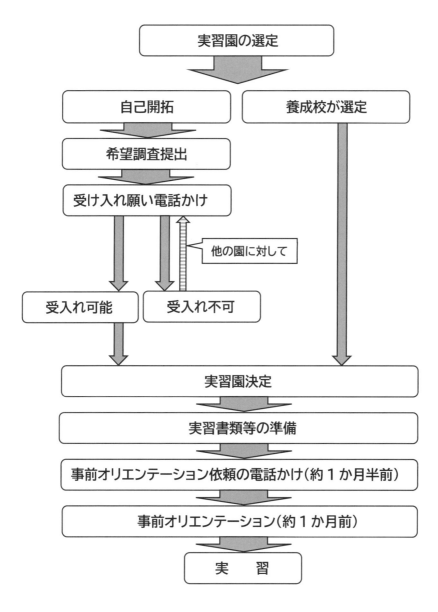

第4節　教育実習・保育実習

　前節でも書きましたが，実習には教育実習（幼稚園等で行う実習），保育実習（保育所等で行う実習），施設実習（福祉施設等で行う実習）があります。これらは似ているところがあり，どれも同じだと思ってしまいますが，幼稚園，保育園，福祉施設はそれぞれ管轄も違い，異なる目的でつくられています。そうでなければわざわざわける必要はないですから。そこで本節では，それぞれの実習の概要について説明します。

教育実習

　「**教育実習**」は，幼稚園教諭免許状を取得する上で欠かすことはできません。文部科学省から出された「教職課程コアカリキュラム」（教員職員免許法の改訂2017年）には，教育実習（学校体験学習）の全体目標として以下のように示されています。

> 教育実習は，観察・参加・実習という方法で教育実践に関わることを通して，教育者としての愛情と使命感を深め，将来教員になる上での能力や適性を考えるとともに課題を自覚する機会である。一定の実践的指導力を有する指導教員のもとで体験を積み，学校教育の実際を体験的・総合的に理解し，教育実践並びに教育実践研究の基礎的な能力と態度を身につける。

　教育実習を通して，幼稚園やこども園で子どもたちとかかわり，まずは「子どもって可愛い」，「一人ひとりの特性や成長過程に興味がある」などと感じることが大切です。その上で子どもたちに人とのかかわり方を教え，社会性を育て，一人ひとりの良さを引き出す役割を担う教員として，必要な能力や適性とは何かを考えます。教育実習を通して，専門的な知識や技能を深め，将来の職業に備えます。

【実習時期と必要時間数】
　実習の時期と必要時間数は養成校のカリキュラムや方針などによって異なります。一般的には，実習期間はおおよそ4週間で，必要時間数は計120時間〜180時間で行う養成校が多いです。さらに，1度に4週間通して実習を行う場合もありますし，分割して（1週間＋1週間＋2週間，1週間＋3週間，2週間を2回など）行われる場合もありますので，養成校でよく確認しましょう。

保育実習

「保育実習」は，大学などの指定保育士養成施設（以下，養成校）で保育士資格を取得するために，必ず習得しなければならない科目として位置づけられています。厚生労働省から出された「指定保育士養成施設指定基準」には，保育実習の目的は以下のように示されています。

> 保育実習は，その習得した教科全体の知識，技能を基礎とし，これらを総合的に実践する応用的能力を養うため，児童に対する理解を通じて保育の理論を実践の関係について習熟させることを目的とする。

保育実習を通して保育所の1日の生活の流れを知り，保育所の社会的な役割や保育士の仕事内容について学ぶことが大切です。保育所は0歳から就学前の子どもを対象とし，応答的にかかわりながら保育を行いますが，保護者支援や地域子育て支援なども含めて，保育所の様々な機能についても理解します。

特に，乳児期の子どもの成長は著しいため，みなさんも実習中に子どもの「はじめて立った！」「はじめてにんじんが食べられた！」など，子どもの「はじめて」に立ち会うことができるかもしれません。子どもを子ども扱いするのではなく，「一人の人間として」向き合おうとする気持ちを持つことが大切です。子どもの気持ちに共感しながら，子どもの心の奥にある本当の思い，願い，訴えを丁寧に拾い，それに沿った保育実践をしていくことが求められます。

【実習時期と必要時間数】

保育実習では，必修科目としての「保育実習Ⅰ」の中に（保育所実習）と（施設実習）があります。さらに「保育実習Ⅱ（保育所実習）」または「保育実習Ⅲ（施設実習）」のどちらかを選択して実習を行いますので，計3回の実習を行うことになります。わかりやすく説明すると，保育所実習2回＋施設実習1回の人もいれば，保育所実習1回＋施設実習2回の人もいるということです。一般的には，実習期間はそれぞれ2週間で，1日8時間を原則としますので80時間以上の実習時間の確保が必要です。例えば，土曜日に実習を行い，半日（4時間）出勤した場合は，別日に半日（4時間）出勤し，計80時間以上になるように調整してください。実習時間がきちんと確保されているかは，事前オリエンテーションで必ず確認しておきましょう。

保育士には子どもや家庭を支援するという役割がありますので，様々な家庭環境や事情のある子どもたちにどのようにかかわっていくのか，専門的な知識と技術を習得するために施設実習を行います。主な実習先は，乳児院，母子生活支援施設，児童養護施設，知的障害児施設，児童発達支援施設，児童相談所，児童発達支援センター，障害者支援施設などです。

第 2 章 実習園の配属と提出書類

第1節　実習園の選定

実習園を学校から指定されるか，自分で選ぶか

　実習園を選ぶ方法は養成校によって違います。養成校から実習園を指定される場合もありますが，教育実習，保育実習を行うにあたり，みなさんが実習園を決める場合があります。自己開拓の場合はホームページや役所，養成校の先輩方からの情報などを集めて慎重に決めましょう。この実習園の選定を甘く見てはいけません。母園だから，友達と一緒がいいから，調べるのが面倒臭いから…などといった安易な気持ちで決めてしまうと後悔することになります。

自宅から通勤可能な範囲で調べる

　まずは，自宅から通える範囲の実習園を調べてみましょう。実習中は心身共にとても疲労が溜まりますので，通勤時間は1時間以内を目安にするとよいでしょう。ここで注意しておくべきことがあります。自宅から近い園というと母園が該当するかと思いますが，あまり近すぎると，その園に通う保護者や子ども，先生方と生活圏内が同じになりますので，実習前から実習が終了してからもばったり会ってしまう可能性があります。例えば，「実習直前に派手な化粧と露出の多い格好をしているときに先生に会ってしまって気まずかった」とか，「実習中に園に通う親子にスーパーで会ってしまい，買ったものを見られて嫌だった」などということが起きてしまいます。生活圏内が同じだといつどこで誰に見られているかわかりませんので，こちらが気付いていなくても，知られたくない私生活まで見られてしまうということがあります。この視点から考えると，自宅から適度に離れた実習園を選定することをお勧めします。

「楽そうだから母園を選択する」に対して慎重になる

　次に，知っている先生方もいるし，卒園児だから優しく接してくれそう…という理由から母園を実習園に選定する人も多いと思います。しかし，いくら母園でも実習指導は別です。こんなこともよく耳にします。実際に母園を実習園に選定したはいいけど，「昔は優しい先生だったのに実習ではなんか厳しかった」，「自分が通っていたころと園の雰囲気や保育方針が変わっていてつまらなかった」などです。みなさん，よく考えてみてください。実習は遊びに行くも

のではなく,積極的に自ら学びにいくものです。実習生が居心地の良い楽しいだけの実習なんてありません。子どもの命を預かる保育者としての職務内容や役割を実習で学ぶためには,実習を楽に済ませようとか,優しくされないと嫌だと言っている場合ではありません。

「将来,その園で働くかもしれない」という気持ちで選ぶ

さらに,実習園を慎重に選定してほしいといっているのは,みなさんの就職にも絡んでくるからです。実習を通して,そのままその園に就職することも少なくないのです。はっきりと言ってしまえば,実習は実習園とみなさんの相性を確認する機会でもあります。みなさんは,実習園の保育・教育方針や園の規模,保育者同士の関係などを見て,この園で働きたいか,実際に働いたらどうだろかと考えるものです。一方,実習園も,実習を通して学生の資質や能力,特性などをみて,一緒に働きたい人物かどうかを見極めます。実習園から一緒に働きたいと思ってもらえたら,「うちに就職どう?」とか「実習の様子を見ていたから採用試験は面接だけでいいよ」なんて声がかかったりします。ただ求人票の給料や休日日数だけをみて就職試験を受けにくる学生より,実際にその園で実習した学生は一歩リードしている,そんなイメージです。これらを踏まえて,実習園を選定しましょう。

ただし,実習した園に就職してから「実習の時はあんなに優しくしてくれたのに…」,「こんなに忙しいなんて聞いていない」などと"実習の時と違う"と感じる学生も少なくありません。でも,それは当然です。しっかりお給料をいただいているのですから,その分しっかりとお仕事をするのは当然であり,実習の時よりも主体的に動くことが必要となります。

第2節　配属希望調査

　実習園が自己開拓の場合は，**「実習園希望調査票」**を養成校に提出します。養成校で1つの実習園に送る人数を調整したり，実習園に適した園かどうかを確認したりします。みなさんは，通勤手段や通勤時間などを踏まえて，希望の園を複数回答することが多いです。施設実習については，もともと施設数や種別が限られているため，養成校で確保している施設の中から希望調査をし，選考することが多いです。

実習園希望調査票

「令和　年度　実習園希望調査票」※ 保育園、幼稚園のみ

		第1希望	第2希望	第3希望
学籍番号				
フリガナ 氏名				
実習期間中住所	〒		最寄駅	（　　　線）
電話番号				
園名		※ 正式名称（社会福祉法人、株式会社、学校法人など）　　　　母園	※ 必ず第3希望まで書きましょう　　　　母園	※ 母園の場合は〇をつける　　母園
住所		〒 ※ 正確に書く	〒	〒
電話番号		※ 正確に書く（受け入れのお願いをする際に必要です）		
概要		(在籍園児年齢)　※ 0歳児から5歳児 (クラス数)　※ 5歳児2クラス　　4歳児3クラス　　3歳児2クラスなど (園児数)　※ 5歳児 30名　　4歳児 28名　　3歳児 20名など	(在籍園児年齢) (クラス数) (園児数) 【注意】0・1歳児のみしかいない、小規模などは実習園として好ましくありません	(在籍園児年齢) (クラス数) (園児数)
通勤手段		※ 自転車、電車（車やバイクは禁止）	【注意】自宅から近すぎはNG	
備考		※ 教員記入欄　ここには何も書かないでください		

第3節　実習受け入れ依頼

　実習園が決定したら，みなさん自身で実習園に実習受け入れの依頼をします。実習時期や受け入れ人数等を確認したうえで，依頼をします。電話での依頼になりますので，苦手でいやだな…と思う人もいると思いますが，電話での最初の印象はとても大きいです。どんなに真面目でも，性格が良くても，電話口で小さい声でモゴモゴ話したり，友達との日常会話のように「マジ」とか「やば」などの言葉遣いでは印象は最悪です。事前に電話かけの練習をして，実習園からぜひ実習を受け入れたいと思っていただけるような明るく元気な声で，ハキハキと話しましょう。

電話をかける前に大切なこと

　実習園の正式名称，園長先生のお名前，電話番号が正しいか確認しておきましょう。次に，依頼する実習期間，同じ園に希望している人数を確認しましょう。もし，一つの園に複数名で実習を希望している場合は，代表者が電話をかけることになりますが，希望している全員がその場にいるようにしてください。実習を他人任せにせず，自分事としてとらえることが大切です。また，すぐメモを取れるようにメモ帳を用意しましょう。「私はけっこう記憶力があるから大丈夫！」と油断する人もいますが，緊張の中，初めましての大人と話す…，さらに，みなさんは実習を依頼する側ですので，実習を受け入れてくれるかどうかも含めて不安な気持ちがあるでしょう。そのような状況の中で，聞いたことを全部覚えておくことは難しいので，些細なことでもしっかりとメモをとってください。

電話かけにおいて大切なこと

　社会人として恥ずかしくないような言葉遣いをしましょう。よく，「お疲れ様です！」，「了解です！」などと悪気なく言ってしまう人がいます。特に，アルバイトをしている人は，朝以外でもその日初めて会った人に対して「おはようございます！」といつもの癖で言ってしまうこともあるかもしれませんね。しかし，実習はアルバイトではありません。もう一度，学ばせていただくという自分の立場を考えて，普段使っている言葉遣いが目上の人や実習園の方々に対して適切かどうかを確認しましょう。

また，静かな場所で雑音が入らないようにすることも忘れてはいけません。スピーカーだとこちらの雑音が全て入ってしまうので避けましょう。必ず電波の状態も確認し，途切れ途切れの会話で実習園の先生に不快な思いをさせないように十分気を付けましょう。さらに，わからないことや実習園からの要望等があった場合には，即答せず，いったん電話を切りましょう。焦らなくても大丈夫です。担当教員に確認してから改めて実習園に連絡をすれば全く問題ありません。それよりも，わからないことに対して勝手に曖昧に返答してしまう方がよくありません。覚えておいてください，勝手な自己判断はとても危険です。

不意な質問にも対応できるようにしておく

　基本的には，実習の受け入れ依頼をするのがメインですが，実習園によっては，次のようなことを聞かれるかもしれません。

こんな時どうする？

> 実習園：「観察実習ですか？」「部分実習はやったほうがいいですか？」
> 学　生：「初めての実習となりますので，観察実習と参加実習となります。」
> 　　　　「もし可能であれば，手遊びや絵本の読み聞かせなどの部分実習を実践させていただきたいです。」

　このように答えると，実習園の先生は理解してくれます。また，実践のお願いをしておくことで，とても意欲のある実習生と捉えてもらえますので，好印象のまま実習をスタートさせることができます。ぜひ，積極的にお願いしてみてください。
　また，養成校によっては，教育実習・保育実習を同じ実習園で1回目（前半），2回目（後半）を行う場合もありますので，1回目は，「観察実習・参加実習，部分実習（手遊び，絵本の読み聞かせ等）」，2回目は，「部分実習（朝の会・給食場面・帰りの会・主活動など），責任実習（登園から降園まで）」と覚えておくとわかりやすいでしょう。

こんな時どうする？

> 実習園：「なぜ，うちの園で実習したいと思いましたか？」
> 学　生：「高校生の時に職業体験でお世話になり…」
> 　　　　「保育者を目指そうと思った切っ掛けが○○園で…」
> 　　　　「ホームページを拝見させていただき，保育・教育方針に共感し…」

何も考えず実習園を選定した人は，こんな突然の質問に「えっと…，特には…」となってしまいますね。実習園からすると，実習できればどこでもいいと思っているんだな，とあまり良い印象を持たれませんので，必ず選定の理由を言えるようにしておきましょう。

電話をかけ終えてから大切なこと

　受け入れが可能だったのか，不可能だったのかを速やかに実習担当教員に伝えましょう。受け入れが可能だった場合は，実習に必要な書類作成の準備に入ります。不可能だった場合は，第2希望の実習園，第3希望の実習園というように，順番に実習受け入れの依頼をしていきます。もし，自分が希望した実習園が全て受け入れ不可能だった場合は，改めて実習園を調べます。
　また，実習園から以下のようなことを言われたら速やかに実習担当教員に報告しましょう。

　　実習園：「実習期間を変更できるのであれば受け入れ可能です。」
　　　　　　「3人の受け入れは難しいけど，1人だったら受け入れ可能です。」
　　　　　　「卒園生以外は受け入れていないです。」
　　　　　　「実習初日に必要な書類は，○○なので準備してください。」

　学生が実習園との細かなやり取りを実習担当教員に伝えることは，実習園にとっても，学生と教員間できちんと情報共有ができている，信頼関係ができていると捉えてもらえるので，安心して受け入れてくれます。

電話のかけ方の例～実習受け入れ依頼の場合～

(1) 電話をかけた先を確認します

【例】「○○幼稚園(○○保育園, ○○こども園)でしょうか。」

(2) 自分が何者か名乗ります

【例】「私は, ○○大学○○学科○年の○○ ○○と申します。お忙しいところ失礼いたします。少しお時間をいただいてもよろしいでしょうか。」

(3) 園長先生(または実習担当の先生)に取り次いでもらいます

【例】「本日は, 実習受け入れの件でお電話させていただきました。園長先生はいらっしゃいますでしょうか。」

園長先生が不在の場合,「いつお電話すればよろしいでしょうか。」と聞きます。
先方から電話してくれると言われても, 必ず自分からかけ直します。

(4) 用件を伝えます(実習受け入れ依頼をする)

【例】「本日は実習受け入れのお願いでお電話させていただきました。実習期間は○月○日から○月○日までの○日間です。この期間で実習をお引き受けいただけないでしょうか。」

園長先生が電話に出たら, 再度, 自分が何者か名乗ってください。

(5) 受け入れ可の場合

【例】「ありがとうございます。よろしくお願いいたします。」
「改めて学校から書類を郵送させていただきます。」
「事前オリエンテーションの件で, ○月頃に改めてご連絡させていただきます。」

受入れ不可の場合は「わかりました, お忙しいところありがとうございました。」と言い, 条件を変更すれば受け入れ可の場合は「実習担当教員に確認し, 改めてご連絡させていただきます」と言います。

(6) お礼を伝える

【例】「本日はお忙しい中, お時間を作っていただきましてありがとうございました。しっかりと準備をして実習に臨みたいと思います。ご指導いただきますようよろしくお願いいたします。失礼いたします。」と言い, 相手が電話を切ったことを確認してから, こちらの電話を切ります。

実習受け入れ依頼の電話かけのポイント

POINT　受け入れ依頼の電話かけ

【1】電話をかける
　① 園の名前を確認する
　② 学校名・学年・氏名を伝える
　③ 実習受け入れの件で電話したことを伝え，園長先生（あるいは実習担当の先生）に取り次いでもらう
　　 不在の場合，改めて連絡することを伝え，連絡可能な日時を聞く
　④ 用件を伝える

【2】園長先生（または実習担当の先生）が出たら…
　① 「お忙しいところ失礼いたします」と言い，学校名・学年と氏名を伝える
　② 実習受け入れのお願いで電話したことを伝える
　③ 希望する実習の日程を伝え，受け入れてもらえるかお願いする
　④ 受け入れ可の場合，お礼を述べた後，今後のスケジュール（書類送付や事前オリエンテーションの相談等）を簡潔に伝える
　⑤ お礼を簡潔に述べ，（相手が電話を切ってから）電話を切る

第4節　実習に必要な書類

　実習を行うためには，いくつかの書類が必要になります。実習園に提出するものや養成校で保管するもの，実習終了後に返却されるもの等があります。書類はすべて公的文書ですので，原則書類は一人1枚となります。気持ちを落ち着かせて集中して丁寧に楷書で書きましょう。よく，説明をよく聞かずに自分の勝手な解釈で書類を書き始めてしまい，「間違った!!」「まがっちゃった!!」などと叫ぶ人がいます。また，和暦や西暦の数字が入り混じり，自分の年齢さえ間違ってしまう人がいます。この書類作成からすでに実習が始まっているという自覚をもち，緊張感をもって作成しましょう。

実習生個人票（個人調書）

　「実習生個人票（個人調書）」には，学生の氏名や住所，連絡先等の情報を記入します。養成校によって項目は異なりますが，学生の得意なことや好きな科目，健康状態やアレルギーの有無などを書く場合もあります。記入の際は，フリクションなどの訂正可能なペンではなく，黒ボールペンを使用してください。誰が見ても読めるように，文字は崩したり，省略したりせずに丁寧に書きましょう。万が一，間違えた場合は修正テープを使用し，訂正します。

　また，証明写真の貼付が必要になりますので，スーツ着用（ジャケット着用・開襟シャツ不可）で，髪の毛が長い場合は後ろで結び，サイドの髪はピン止めをして耳をだすようにして撮りましょう。よく，小顔に見せたいとか，少しでも可愛くうつりたいなどの理由から，前髪がそろっているかどうかを気にしたり，顔の横に髪の毛を垂らしたりして撮る人がいます。髪の色をピンク色や金色から自然な色に戻していなかったり，普段遊びに行くようなカラーコンタクトやつけまつげなどを付けて華美な化粧をしたりする人もいます。しかし，この書類は美少女コンテストやアイドルになるための応募書類ではありませんので，素のままのみなさんの姿で撮ってください。

　写真の準備ができたら，決められたサイズに切り，写真の裏に必ず学校名と名前を書いておきましょう。紛失した時に誰のものか分かるようにするためです。また，貼付の際は，両面テープを使用し，四隅がはがれないようにしっかりと貼付しましょう。

誓約書

「誓約書」では，実習全体に関する誓約をします。実習を誠実に行う，実習で知り得た情報は SNS に投稿しない等，養成校によって内容は様々です。しっかりと読み，理解したうえで署名，捺印をします。保護者の署名，捺印が必要になる場合もあります。印鑑はシャチハタ以外を使用します。誓約書は，実習園に提出するので，楷書で丁寧に書きましょう。

実習生出勤簿

「実習生出勤簿」には，実習生が実習の日付を記入し，実習中毎日押印します。事前に実習園の記入や実習期間を確認しておきましょう。印鑑はシャチハタ以外を使用しますので，朱肉と印鑑の両方を忘れずに準備しておきましょう。実習終了後に実習園の確認印が押印され，学生に返却されます。この出勤簿を紛失した場合は，実習を行った証明ができませんので再実習となります。紛失や汚れ等，十分に気を付けて慎重に扱ってください。

実習生個人票

(No. 学籍番号　　)

【記入例】　実習生個人票

※ 和暦で統一しましょう　　　　　　　　　清書する日 → 令和　　年　　月　　日 現在

ふりがな	※ 漢字とふりがなを揃える	平成　　年　　月　　日生 （満　　　歳）	写真貼付 ※裏面に学籍番号と氏名を記入 4cm×3cm
氏名	※ 姓と名の間を空ける		
実習期間	令和　　年　　月　　日　～　　月　　日 ※ 実習の期間を確認して書きましょう　（　　　日間）		
現住所	〒 ※ 県から書きましょう 　　　　　　　TEL　　　　　　（携帯）		
学歴	立　　　　　　高等学校　昭和・平成・令和　　年卒業		
サークル・委員会 ボランティア活動	※ 高校入学以降のことを書きましょう ・児童館において絵本の読み聞かせボランティア(令和〇年〇月〇日〜現在に至る) ・ダンスサークル(令和〇年〇月〇日〜〇月〇日) ・学内オープンキャンパススタッフ(令和〇年〇月〇日，〇月〇日)		
資格・免許	※ 3級以上を書きましょう ・令和〇年〇月　全国高等学校家庭科保育技術検定　1級　合格 ・令和〇年〇月　日本商工会議所簿記検定　2級　合格 ・令和〇年〇月　普通自動車第一種運転免許　取得		
健康状況	・特に問題ない人 ⇒ 良好 ・園に伝えておきたいことがある人 ⇒ 例：片頭痛持ちで毎日薬を服用しています **(無理に書かなくても大丈夫ですが、実習前に必ず実習担当に相談してください)** 　　　　　　　　　※ アレルギー：㊒（　小麦粉，ねこ，金属　）・無		
特技	※ 2つ書く　（例：テニス，ピアノ，縄跳び，裁縫，英語が話せる，料理，保育教材製作　など）		
趣味	※ 2つ書く　（例：読書，映画鑑賞，絵を描くこと，ダンス，歌を歌うこと，お菓子作り，散歩など）		
得意科目	※ 2つ書く　（例：乳児保育，保育原理，造形，器楽，教育心理学，健康スポーツ論　など）		

実習を通して学びたいこと(保育者を目指そうと思ったきっかけ、現在大学で学んでいること、今回の実習に対する目標や心構え)
【例1】私が保育者を目指すきっかけとなった理由は2つあります。1つ目は、子どもとかかわることが大好きだからです。2つ目は、保育者として働く姉2人の姿を見て、やりがいのある仕事だと感じたからです。今回の実習では、園の1日の流れを理解し、保育者の役割と活動内容をよく観察したいです。また、一人ひとりの子どもに対する理解を深め、保育者の子どもへの適切なかかわり方を学びたいです。ご指導いただきますよう、よろしくお願いいたします。
【例2】私が保育者を目指すきっかけとなったのは、中学生の時に参加した保育ボランティアです。子どもとかかわる中で、もっと一人ひとりの子どもを理解したいと思いました。現在、大学では、子どもの発達段階や保育者の援助方法などについて学んでいます。今回の実習では、子どもとの遊びを通して、各年齢の子どもの発達段階をよく観察したいです。また、様々な場面での保育者の子どもへの言葉かけを学びたいです。ご指導いただきますよう、よろしくお願いいたします。

第5節　健康診断と各種検査

　実習を行うにあたり，健康診断や腸内細菌検査，麻疹・風疹抗体検査などが必要になります。これは，実習中に園の子どもや保育者，学生本人へ健康上の問題（感染症等）が生じないようにするためです。菌は目に見えないものなので，「自分は絶対大丈夫！」ではなく，菌をもらわない，菌を渡さないという気持ちをもって必ず初日に実習園に提出しましょう。未提出の場合は実習を行うことができません。

健康診断証明書

　実習が行える健康状態かどうかを確認するために，健康診断の結果を実習園に提出します。養成校によっては，学内で行った健康診断書を持参する場合もありますが，健康診断書には有効期限（一般的には 3 ヵ月）がありますので，必要の際は各自で医療機関へ行き，健康診断を受けるようになります。健康診断証明書は，実習初日に必ず実習園に提出します。

抗体検査結果

　麻疹・風疹抗体検査結果または麻疹・風疹予防接種済証明書を実習園に提出します。抗体反応がない場合はもちろんですが，抗体はあっても基準値まで達していない人は，速やかに予防接種を受け，その証明書を実習初日に実習園に提出します。

腸内細菌検査結果

　検便により，「赤痢菌」,「腸管出血性大腸菌O157」,「サルモネラ属菌（腸チフス菌，パラチフス A 菌を含む）」等について検査します。結果が陰性の場合のみ，実習を行うことができます。保育実習，施設実習では必ず必要になりますので，検査結果は実習初日に必ず提出します。たまに，検査結果が実習初日に間に合わない人がいます。検査機関への郵送に必要な日数，検査結果が出るまでの時間，検査結果が自宅に届くまでの日数を考慮し，余裕をもって検体を出しましょう。ただし，あまり早すぎると検査結果の証明期限が切れてしまいますので，養成校の指示に従ってください。実習初日に検査結果の提出ができない場合は実習を行うことができませんので，必ず実習初日に間に合うように準備しましょう。

第3章　実習前

第1節　実習に必要な心構え

　実習園でのコミュニケーション等について心配する学生が増えています。特に，「先生方が優しくなかったらどうしよう」とか「挨拶をして無視されたらもう自分から挨拶できない…」なんて不安になる人もいるようです。また，「子どもたちに対してどのように声をかけていいのかわからない」，「人見知りの子どもに泣かれたらへこむ…」なんていう人もいますね。まずは，なんといっても笑顔で挨拶です。誰に対しても明るく元気に，自分から挨拶をしてみましょう。挨拶をする前から，返してくれなかったらどうしよう，緊張して声が出ないかも，なんて考えすぎてしまうと本当に声がでなくなってしまいます。緊張しやすい人や人見知りの人，もともと声が小さいと自覚している人は，普段の生活から実習をイメージして練習しておくとよいと思います。

　また，実習への心構えや態度，準備がどれだけ出来ているかによって，実習自体の学びの成果が大きく変わります。もちろん，先生方のみなさんへの印象や評価も良くなります。特に身だしなみには気を配りましょう。第1印象は，その後の実習評価に大きくかかわりますので，十分に気をつけましょう。実習中の保育着や髪型は清潔感を与え，邪魔にならないように，靴は動きやすい運動靴を着用しましょう。装飾品（ネックレス，イヤリング，ピアスなど）は子どもの怪我や誤飲につながりますので絶対につけないでください。また，子どもを傷つけることがないよう，爪は短く切ってください。

　母園で実習を行う人は，顔見知りの先生もいると思います。実習環境に慣れてくると先生方との関係の取り方にも変化が出てくると思いますが，あくまでもみなさんは実習生です。先生方と友達のような感覚で接するのではなく，相手との関係にふさわしい言葉遣いや接し方を心がけるようにしましょう。実習では，単なる実習生，卒園児とは違い，一人の社会人として扱われる場面が多くなります。保育者としての責任の重さを十分に自覚して実習に臨んでください。実習は，大学で学んだ理論と実践との繋がりを肌で感じることのできる貴重な場です。充実した実習となるよう，実習に入る前に以下の内容を確認しておきましょう。

謙虚な気持ちで実習に臨もう

　先生方は，日々の業務に加えて実習指導をしてくださいます。実習生は「実習をさせていただく」という謙虚な態度で実習に臨んでください。ただし，謙虚でいなければと意識するあまりに消極的にならないようにしましょう。

積極的な姿勢と意欲的な態度が大切だ

　子どもに対するかかわり方や保育者の働きかけの意図がわからない場合は，積極的に質問をしてください。その場ですぐに質問できなかった場合には，その日の反省会や休憩時間を使って質問するようにしましょう。「わからないことをそのままにする」は一番よくありません。

実習生でも子どもにとっては「先生」だと自覚する

　実習生であっても，子どもたちや保護者から見れば「先生」です。自分の言動が子どもたちに大きな影響を与えるという自覚を持つ事が大切です。特に，言葉遣い，立ち振る舞いを普段の生活から見直すことが大切です。

実習生は学校の看板を背負っていることを理解する

　実習園と養成校が連携をして実習生の指導を行います。今後，後輩も実習でお世話になる事や自身の就職先になる可能性などを踏まえ，自分ひとりの問題として捉えるのではなく，養成校の一員であるという自覚を持って実習に臨んでください。

実習中に知ったことや実習園のことを SNS にあげるのは厳禁

　実習で知り得たすべての情報を外部に漏らす事は厳禁です。SNS 等のネット上には実習に関することは絶対に投稿しないでください。SNSの投稿が発覚した時点で実習中止になる可能性があります。また，カフェや電車など，他者の目の触れるところでの日誌への記入は絶対にしないでください。

子どもたちの安全を守ることも忘れないようにする

　子どもが事故や怪我につながるような行動をしていないか，常に周囲に目を配ることを意識してください。万が一，事故や怪我が起こってしまった時は，素早く保育者に伝えて指示を仰ぎましょう。また，アレルギーや疾病など特別な配慮を要する子どもがいる場合もあるので，必ず事前に実習園に確認し，注意事項を守ってください。

常に清潔にして衛生面にも気を配る

　身だしなみを整え，常に清潔な服装で実習を行ってください。また，実習期間は規則正しい生活リズムを整え，体調管理に十分気をつけてください。実習期間に遠出をしたり，人が大勢集まる場所に行ったりして，みなさん自身が感染源にならないように，各自が行動を律してください。

> **POINT** 実習に必要な心構え

- 謙虚な気持ちで実習に臨もう
- 積極的な姿勢と意欲的な態度が大切だ
- 実習生でも子どもにとっては先生だと自覚する
- 実習生は学校の看板を背負っていることを理解する
- 実習中に知ったことや実習園のことを SNS にあげるのは厳禁
- 子どもたちの安全を守ることも忘れないようにする
- 常に清潔にして衛生面にも気を配る

第2節　事前オリエンテーション

　事前オリエンテーションとは，実習の約1ヶ月前に実習園に直接挨拶に出向き，実習内容の説明や具体的な持ち物，実習中の注意を受けることです。みなさんは，周囲の環境や園内の様子（廊下に飾られた子どもたちの掲示物や保育室の壁面，保育室に設置されているもの），子どもたちや先生方の雰囲気を感じることができる貴重な機会となります。また，事前オリエンテーションを通して，実習までに準備しておかなければならない内容や課題（部分実習・責任実習指導案，ピアノなど）を十分に打ち合わせしてきてください。実習の一日目とも言えるので，既に実習が始まっていると意識してください。

1. 事前オリエンテーションの日程を調整する

日程を調整する

　事前オリエンテーションの日程調整をするためにみなさんから実習園に電話をかけましょう。実習期間を逆算して1ヶ月半前には事前オリエンテーションの日時を決める電話をしましょう。複数人で行く場合は，その場に全員集まり，代表者が電話をしましょう。ただし，同じ実習園であっても実習期間が違う場合は，一人ひとり電話をしてください。電話をかける時間帯や場所を選び，必ずメモを取りましょう。

電話をかける前に大切なこと

　実習受け入れ依頼の際の電話のかけ方を思い出してください。まずは，実習園の正式名称と園長先生お名前，電話番号を確認しておきましょう。実習受け入れの際は園長先生が対応してくださったかもしれませんが，事前オリエンテーションからは実習園の実習担当の先生が対応してくださることが多いです。必ず，実習担当の先生のお名前を聞いて，メモしておいてください。事前オリエンテーション当日も実習担当の先生が対応してくださると思います。
　次に，自分自身の日程調整を事前にしておきましょう。実習園との日程を調整する際に，実習園から日時を指定される場合もありますが，「あなたはいつが良いの？」と希望を聞かれる

事があります。授業と重ならない候補日を事前に3つ程度準備しておき，すぐに希望の日時を答えられるようにしておきましょう。養成校によっては，事前オリエンテーションが理由で授業を欠席する場合でも公欠にはならない場合がありますので，十分気を付けましょう。また，尋ねたい内容を箇条書きでまとめておき，事前にメモ帳に書いておくことも大切です。

電話をかける時に大切なこと

　社会人として恥ずかしくないような言葉遣いをしましょう。よく，「お疲れ様です！」，「了解です！」などと悪気なく言ってしまう人がいます。特に，アルバイトをしている人は，朝以外でもその日初めて会った人に対して「おはようございます！」といつもの癖で言ってしまうこともあるかもしれませんね。しかし，実習はアルバイトではありません。もう一度，学ばせていただくという自分の立場を考えて，普段使っている言葉遣いが目上の人や実習園の方々に対して適切かどうかを確認しましょう。また，静かな場所で雑音が入らないようにすることも忘れてはいけません。スピーカーだとこちらの雑音が全て入ってしまうので避けましょう。必ず電波の状態も確認し，途切れ途切れの会話で実習園の先生に不快な思いをさせないように十分気を付けましょう。さらに，わからないことや実習園からの要望等があった場合には，即答せず，いったん電話を切りましょう。焦らなくても大丈夫です。担当教員に確認してから改めて実習園に連絡をすれば全く問題ありません。それよりも，わからないことに対して勝手に曖昧に返答してしまう方がよくありません。勝手な自己判断はとても危険です。

電話をかけ終わったら大切なこと

　事前オリエンテーションの日時や確認したことを，その日のうちに速やかにまとめましょう。実習ご担当の先生のお名前もしっかりメモしておいてくださいね。また，担当教員に伝えておくべきことがあった場合は，必ず報告をしてください。

不意な質問にも対応できるようにしておく

　今回の内容は，事前オリエンテーションの日程調整ですが，実習園によっては，次のようなことを聞かれるかもしれません。

こんな時どうする？

> 実習園：「この実習で何を学びたいですか？」
> 学　生：「今回の実習では「　　　　　　　　　」を学びたいです」

学びたいことを明確にしておくことは，みなさん自身も実習中に学ぶ視点が定まり，なんといっても実習日誌が書きやすくなりますので，とても大切です。不意に質問されても答えられるように，事前に考えておきましょう。養成校によっては，実習生調書に実習で学びたいこととして目標を記入する項目があります。

こんな時どうする？

> 実習園：「今回の実習で何かやりたいことはありますか？」
> 学　生：「スケッチブックシアターで自己紹介をさせていただきたいです」
> 　　　　「紙芝居を読ませていただきたいです」

　このように答えておくと，実習園の先生方はとても意欲的な学生だと捉えてくれるので，みなさんが実習に来るのを楽しみに待っていてくれるはずです。

電話のかけ方の例～事前オリエンテーションの日程調整の場合～

（1）電話をかけた先を確認します

　【例】「〇〇幼稚園（〇〇保育園，〇〇こども園）でしょうか。」

（2）自分が何者か名乗ります

　【例】「私は，〇月〇日から〇月〇日まで実習をさせていただくことになっております，〇〇大学〇〇学科〇年の〇〇　〇〇と申します。お忙しいところ失礼いたします。少しお時間をいただいてもよろしいでしょうか。」

（3）園長先生か実習担当の先生に取り次いでもらいます

　【例】「本日は，事前オリエンテーションの日程の件でお電話させていただきました。園長先生（あるいは実習担当の先生）はいらっしゃいますでしょうか。」

　園長先生か実習担当の先生が不在の場合，「いつお電話すればよろしいでしょうか。」と聞きます。先方から電話してくれると言われても，自分からかけ直します。

（4）用件を伝えます（事前オリエンテーションの日時を伺う）

　【例】「この度は，実習をお引き受けいただきましてありがとうございます。〇月〇日から始まる実習の事前オリエンテーションをお願いしたいのですが，いつお伺いすればよろしいでしょうか。」

　園長先生（あるいは実習担当の先生）が電話に出たら，再度，自分が何者か名乗ってください。

（5）日程を調整します

実習園の指定する日時でよければ決定します。いつでもよいと言われた場合の例を示しておきます。

【例】「私の希望日時は〇月〇日〇時，〇月〇日〇時ですが，いかがでしょうか。」

（6）決まったことを復唱します

口頭でのやりとりは聞き間違いしやすいです。例えば，「17日」を「ジュウシチニチ」と発音しても「ジュウイチニチ」と聞こえてしまうこともあります。日にちを間違えてしまったら，実習の機会が台無しになります。このようなことが起きないように，決まったことを復唱して確認しましょう。

【例】「〇月〇日〇時にお伺いさせていただきます。よろしくお願いいたします。」

（7）当日の持ち物を確認します

【例】「オリエンテーションまでに特別に準備するものや，当日の持ち物はございますか」と聞きます。何か必要な持ち物などがあれば実習園から指示してくれるだろうという受け身な態度は禁物です。

（8）お礼を述べて，再度日時を復唱します

【例】「お忙しい中，お時間をつくっていただきましてありがとうございました。それでは，〇月〇日〇時にお伺いさせていただきますので，どうぞよろしくお願いいたします。失礼いたします。」と言い，相手が電話を切ったことを確認してから，こちらの電話を切ります。

POINT　事前オリエンテーション日程調整の電話かけ

（1）電話をかけた先を確認する
（2）自分を名乗る
（3）園長先生か実習担当の先生に取り次いでもらう
（4）用件を伝える（事前オリエンテーションの日時を伺う）
（5）日程を調整する
（6）決まったことを復唱する
（7）当日の持ち物を確認する
（8）お礼を述べて，再度日時を復唱する

2. 事前オリエンテーションまでにチェックすること

　事前オリエンテーションまでに準備すること，心構えなどを以下に示します。当日になって慌てないように数日前から確認して準備しておきましょう。

POINT　服装や身だしなみをチェックする

□ スーツ（靴も合わせる，鞄にはキーホルダーやぬいぐるみはつけない）
□ アクセサリー（ピアス，ネックレス等）はつけない
□ 化粧は控えめにし，香水はつけない
□ 爪は短く切り，ネイルはしない
□ 髪を染めている場合は自然な髪色に戻す
□ 長い髪は束ねる（髪の毛が顔にかからないようにする）
□ 清潔な靴下を着用する（靴を脱いだ時に見られるため）

POINT　持ち物をチェックする

□ 上履き（清潔なもの）
□ 筆記用具
□ 実習日誌・指導案（書式や書き方を確認するため）
□ メモ帳（リング式で絵柄のないもの，質問事項を事前に書いておく）
□ エプロン，手作り名札（キャラクター，縫い付け・ピンなどの確認）
□ 部分・責任実習で行いたいもの（製作した保育教材や絵本数冊など）
□ その他，実際に先生に見せて確認しておきたいもの
　（例：上着，帽子，水筒，コップ，箸など）

POINT　時間厳守する

□ 原則，公共交通機関や自転車で出勤する
□ 交通経路，交通機関時刻表などは事前に調べる
□ 複数で行く場合は，遅れる人は待たない
□ 10分前には到着するようにし，5分前にインターホンを鳴らす
□ 不測の事態が起こったら，実習園や実習担当教員に連絡して指示を仰ぐ

POINT　マナー（挨拶・言葉遣い）を守る

- ☐ 携帯電話の電源は切っておく（マナーモードや通知オフもダメ）
- ☐ 防寒具などは玄関前で脱いでおく
- ☐ 自分の名前を名乗り，事前オリエンテーションで訪問した旨を伝える
- ☐ 「よろしくお願いいたします」と明るくハキハキと挨拶して，すべての職員の方に対しても同じように笑顔で挨拶する
- ☐ 靴はきちんと揃える（脱いだ後に向きを変える）
- ☐ 自分の上履きを履く（スリッパはお借りしません）
- ☐ 部屋に通されたら「失礼します」と一礼し，「どうぞ」と言われてから着席する
- ☐ 園長先生（あるいは実習担当の先生）と対面した際には，実習を受け入れていただいたことと，事前オリエンテーションの時間を作っていただいたことに対して，きちんとお礼を言う
- ☐ 自分の鞄は足元に置く（椅子に置かない）
- ☐ 返事は，「はい／わかりました」と声に出す（頷くだけでは相手に伝わりません）
- ☐ 対応してくださった先生のお名前を確認する（漢字フルネーム）
- ☐ 終了時には改めてお礼を言う

POINT　説明事項＆その他

- ☐ 先生からの話は顔を見てしっかり聞き，要点は必ずメモする
- ☐ わからないことは積極的に聞く
  （例：実習させていただくクラスが決まっているようでしたら教えていただけますか」，「ピアノが苦手なので，もし実習中に弾く曲などがありましたら教えていただけますか」，「楽譜をお借りすることはできますか」というように尋ねるようにするとよい）
- ☐ 園内見学をすすめられたら，積極的にさせていただきましょう。周辺の地域の環境や園舎全体（園庭や保育室内の様子）や先生方と子どもたちの様子を観察しましょう
- ☐ 健康上で心配なことがあれば必ず伝える
  （例：アレルギーの問題，常備している薬について）

3. 事前オリエンテーション当日に確認すること

　事前オリエンテーションの内容も養成校や実習園によって多少の違いはあるものの，一般的には次の項目を確認します。当日聞きたいことをメモ帳にあらかじめまとめておき，話を聞きながら書き込めるようにしておきましょう。

　実習生に対して，園のパンフレットや実習に関する資料を準備してくださる園もありますので，いただいた資料等は実習日誌のファイルに綴じ込み，いつでも確認できるようにしておきましょう。

POINT　事前オリエンテーションで確認すること

① 園長氏名＆実習担当者氏名
② 実習園の概要
③ 実習期間（〇月〇日～〇月〇月まで）
④ 勤務時間（〇時〇分～〇時〇分まで）
⑤ 一日の流れ（デイリープログラム）
⑥ 配属クラス（〇歳児クラス）
⑦ 保育中の服装
⑧ 通勤時の服装
⑨ 持ち物
⑩ 給食
⑪ 必要経費
⑫ 実習中の行事
⑬ 部分実習・責任実習の内容
⑭ 実習日誌
⑮ 名前の表記
⑯ メモ
⑰ 実習中の歌
⑱ 交通手段
⑲ 流行っている遊び
⑳ アレルギーや自己の健康に関して
㉑ 自己課題（学びたいこと）

① 園長氏名＆実習担当者氏名
　園長氏名＆実習担当者氏名を確認します。園長先生と実習担当の先生の氏名を確認して漢字でフルネームを書けるようにします。氏名を確認したら，養成校の訪問指導担当教員に報告できるようにしておきます。

② 実習園の概要
　実習園の概要を確認します。事前に調べた上で，事前オリエンテーションに臨みますが，わからないことを直接質問します。具体的には，「園の方針」や「沿革」，「クラス編成」，「担任（事務員）の人数」などを確認します。

③ 実習期間（○月○日～○月○月まで）
　実習期間はいつからいつまで，何日間であるか確認します。

④ 勤務時間（○時○分～○時○分まで）
　勤務時間を確認します。特に，「出勤時間」，「退勤時間」，「早番・遅番」，「土日出勤」の有無などを確認します。また，「園に着く時間（特に初日）」や「着替える場所の有無」も確認するといいでしょう。また，園内にいても身支度や出勤簿に押印する時間は勤務時間には入りませんので注意しましょう。

⑤ 一日の流れ（デイリープログラム）
　一日の大まかな流れを聞きます。これは指導案を書く際に必要な情報です。また，「年間指導計画」，「月案・週案・日案」のコピーをいただけるか確認します。これは，先生方がどのようなねらいをもって保育・教育しているかを知るためです。

⑥ 配属クラス（○歳児クラス）
　配属クラスが決まっているようであれば教えていただきます。事前に配属クラス（年齢）がわかれば，実習の計画や心構えができる利点があります。場合によっては希望クラスを聞かれることがあるので答えられるようにしておきましょう。

⑦ 保育中の服装
　保育中の服装について具体的に聞きましょう。ジャージやトレーナー，Tシャツでよいのか，エプロンや名札のキャラクターの有無，名札をエプロンに縫い付けるかどうか，ピンは可能かなどを確認します。上履き，外履きなどのタイプや色についても確認し，実習中の置き場所についても確認しましょう。また，上着や帽子などについて，どのようなものを着用すればよいのか聞いておくとよいでしょう。

⑧ 通勤時の服装
　通勤時はスーツ着用か，私服または保育着でもよいかどうか確認します。また，靴はフォーマルな靴なのか，スニーカーでもよいのかどうか確認します。ただし，事前オリエンテーションや最終的な日誌提出の際は，必ずスーツを着用し，スーツに合わせた靴と鞄にしましょう。

⑨ 持ち物
　実習中は様々な持ち物があるので，一つひとつ確認します。実習日誌，指導案，印鑑と朱肉，読み聞かせする絵本(数冊)，エプロン(替えも含めて)，手作り名札，部分・責任実習で使用する製作した保育教材，楽譜，製作セットなど，忘れ物がないように確認します。

⑩ 給食
　給食は実習園によってまちまちです。完全な給食，白米のみ持参，お弁当なのか確認します。また，アレルギーのある子どもへの対応なども含め，給食時の注意点も聞いておきます。

⑪ 必要経費
　実習中に必要経費が生じることがあります。「給食費」や「おやつ代」の金額，支払い日と支払い方法についても確認しておきましょう。

⑫ 実習中の行事
　実習園によっては，実習中に運動会やお誕生日会，遠足などの行事があります。そのような場合には，「場所」，「時間」，「参加クラス」を確認します。また，自分は行事に参加するのかどうかについても確認しておくと，その日の自分の動きが見えてきます。

⑬ 部分実習・責任実習の内容
　部分実習や責任実習では，指導案が必要かどうか，提出日はいつか，書式と文量などについても確認します。また，責任実習においては，どのような主活動を行いたいのかもご相談します。例えば，「外遊びで〇〇を考えています」，「紙コップを使ってけん玉の製作をしたいと考えています」などです。また，「ホールをお借りすることはできますか」など場所についてもご相談します。その他，その月の実習園での製作物は何であるか，子どもたちのお道具箱の中身はどうなっているのか，園から借りられるものはあるのかなども確認しましょう。配慮が必要な子どもについても事前に把握し，配慮することを具体的に確認させていただきましょう。

⑭ 実習日誌
　実習日誌の提出方法(いつ，誰に，どのように提出するのか)，修正方法(修正テープ使用不可，訂正印で良いのか)，形式(時系列またはエピソード)などを確認します。園から書式を指定される場合や，手書きではなくパソコンで作成するように指示がある場合があります。

⑮ 名前の表記
　日誌に書く名前の表記は，フルネームなのか，それともイニシャルでもよいのか確認します。実習園によって様々ですが，「子ども」，「子どもたち」と表記する場合が多いです。

⑯ メモ
　一般には，メモをとることは良いことのように思えるかもしれませんが，メモをとることに集中しすぎてしまう実習生がいます。実習中のメモの取り方についての注意事項を聞きます。

⑰ 実習中の歌
　実習中には当然のことながら歌を歌ったり，ピアノを弾いたりします。そのため，予め「季節の歌」や「園歌」，「毎日の歌」などを確認しておきます。ただし，園と養成校で使用している楽譜が違うことがありますので，園の楽譜をコピーさせていただけるか確認しましょう。

⑱ 交通手段
　車で通勤を考えている場合は，実習園に許可をいただく必要があります。駐車場をお借りできるのかも含めて確認しましょう。また，自転車通勤を考えている場合も同様です。駐輪場をお借りできるか事前に確認しておきましょう。

⑲ 流行っている遊び
　今，子どもたちの間で流行っていることなどはインターネットで検索してもある程度はわかりますが，実際に受けもつ子どもたちの間で流行っている遊びは検索した内容と違うことが多いです。そこで，園の子どもたちの間で流行っている遊び等を事前に教えてもらえば，必要に応じて練習したり，遊びの展開を考えたりすることができます。

⑳ アレルギーや自己の健康に関して
　食物アレルギー，動物アレルギー等がある場合は予め伝えて相談しておきます。また，実習に関連のありそうな持病があれば，事前に実習園に知らせておくと安心です。持病によっては，園に知らせたくない気持ちも理解できますが，その一方で，何も知らされずに実習中に発作などが起きた場合，実習園も対応が遅れます。あなたの様子を直接見た子どもたちがショックを受けることもあるかもしれません。何かあったときに備えて，予め実習園と養成校に情報共有しておくことは，園のため，子どもたちのため，そして，自分のためにも必要です。

㉑ 自己課題（学びたいこと）
　今回の実習で学びたいことを言えるようにしておきましょう。実習では，その実習で何を学びたいかを伝える場面がよくあります。自分なりの目標があるからこそ，実習中の学び，そして，実習後の振り返りができ，保育者としての意識を身につけることができます。

4. 事前オリエンテーション終了後

事前オリエンテーションが終了したら，速やかに内容をまとめておきましょう。

事前指導(オリエンテーション)の内容へ記入する

【記入例】 事前指導(オリエンテーション)の内容

日時	令和 ○年○月○日（○）　　○○：○○ ～ ○○：○○

■対応してくださった先生
　実習担当　○○　○○先生　　※役職、漢字フルネームで書きましょう

■実習期間・出退勤
　実習期間：令和 ○年○月○日（○） ～ ○月○日（○） ○日間
　勤務時間：○:○○～○○:○○（早番、遅番、バス添乗あり）
　留意点　：① 出勤時間の15分前には出勤し、着替えをすませてから出勤簿に押印する
　　　　　　② やむを得ず遅刻や欠勤する場合は、必ず出勤予定時刻よりも前に園に連絡をする
　　　　　　③ 退勤の際は、事務室、各クラスの先生方に挨拶をすること
　　　　　　④ 実習中は休憩中であってもスマホは使用禁止

■服装(保育中・通勤時)
　保育中：動きやすいジャージ、手作り名札、エプロン(キャラクター可)、給食時はエプロンを変える
　通勤時：スーツに準ずる格好、スニーカーで良い

■実習内容(部分・責任実習)・配属クラス
　配属クラス：○○○組(4歳児)、○○組(5歳児)
　部分実習　：○月○日(○)、○月○日(○)に朝の会、帰りの会を行う
　　　　　　　その他、手遊びと絵本の読み聞かせを数回行う
　責任実習　：○月○日(○)、○月○日(○)に行う
　　　　　　　（主活動は、戸外遊びと製作活動）

■実習日誌・指導案
　実習日誌：翌朝、担当の先生に提出する(再提出あり)
　指導案　：実践の○日前に下書きを提出、前日までに清書をして提出
　　　　　　（製作活動の場合は必ず完成した製作物を一緒に提出する）

■昼食・必要経費
　給食有無：有り、月・水・金は手作りおやつ
　経費支払い：給食代、おやつ代を実習初日に全額(○○円)支払う　※おつりのないように封筒に入れる

■持ち物・準備すること
　持ち物：エプロン(給食用も含む)、名札、三角巾、水筒、お箸、コップ、マスクの替え、上履き、外履き、
　　　　　部分実習で使うもの(絵本数冊、スケッチブックシアター)、楽譜、メモ帳、筆記用具

■その他(留意すること)
　メモ　　　　：メモをとるのは良いが、メモに集中しすぎないようにする
　子どもについて：食物アレルギーがある子どもに対しては命にかかわることなので細心の注意を払う
　　　　　　　　　自分の判断で動くのではなく、担任の先生の指示に従って動くようにする
　留意点　：①特定の先生だけではなく、誰に対しても明るく元気に挨拶をすること
　　　　　　②子どもたちのお手本になるように、綺麗で正しい言葉遣いを意識する
　　　　　　③笑顔で積極的に子どもたちとかかわること
　　　　　　④分からないことがあったら、そのままにせず、必ず先生に質問すること

実習の配属クラスや部分実習や行事などの予定がわかっている場合は，実習予定表にも記入します。

実習予定表へ記入する

【記入例】　実　習　予　定　表

	日付(曜日)	配属クラス	クラス人数	行事予定及び実践予定
1	○月○日(○)	きりん 組 (4 歳児)	男児　○名・女児　○名 計　○名	部分実習(絵本の読み聞かせ・スケッチブックシアター)
2	○月○日(○)	きりん 組 (4 歳児)	男児　○名・女児　○名 計　○名	
3	○月○日(○)	きりん 組 (4 歳児)	男児　○名・女児　○名 計　○名	部分実習(朝の会)
4	○月○日(○)	きりん 組 (4 歳児)	男児　○名・女児　○名 計　○名	責任実習(主活動:室内遊び)
5	○月○日(○)	きりん 組 (5 歳児)	男児　○名・女児　○名 計　○名	部分実習(絵本の読み聞かせ・スケッチブックシアター)
6	○月○日(○)	ぞう 組 (5 歳児)	男児　○名・女児　○名 計　○名	
7	○月○日(○)	ぞう 組 (5 歳児)	男児　○名・女児　○名 計　○名	
8	○月○日(○)	ぞう 組 (5 歳児)	男児　○名・女児　○名 計　○名	部実習分(帰りの会)
9	○月○日(○)	ぞう 組 (5 歳児)	男児　○名・女児　○名 計　○名	責任実習(主活動:製作)
10	○月○日(○)	ぞう 組 (5 歳児)	男児　○名・女児　○名 計　○名	

第3節　実習園の概要・環境構成図

　実習が始まる前に，実習園について理解しておきましょう。どのような保育・教育方針なのか，どのような特色があるのかを理解しておくことで，実習の目標も変わると思います。また，子どもの人数や保育者の数を把握しておくことで，みなさんが手遊びや絵本の読み聞かせなどを実践する際，環境構成で配慮することを事前に考えることができるでしょう。

実習園の概要

法人名	学校法人　〇〇〇〇学園	園名	〇〇〇〇幼稚園
所在地	〒　　　　　　※　正確に記入しましょう 　　　　　　　　　　TEL		
園の沿革	昭和〇〇年〇月　　開設 昭和〇〇年〇月　　園庭改装 平成〇〇年〇月　　ホール増築 平成〇〇年〇月　　プール完成		
基本方針	園の保育方針（園の特色も含む） ① 明るく元気で素直な心を持ち，基本的生活習慣を身に付け，豊かな感性を育てる ② 幼児教育を身につける ③ リトミックを行い，音を聞き，感じる ④ 音の組合せを身体全体で味わい，その喜びのなかで音感を育む		
在園児の構成	ひよこ組(2歳児)　…　〇名(男児〇名/女児〇名) もも組(3歳児)　…　〇名(男児〇名/女児〇名) すみれ組(4歳児)　…　〇名(男児〇名/女児〇名) ばら組(5歳児)　…　〇名(男児〇名/女児〇名) 　　　全園児計　　〇名(男児〇名・女児〇名)		
職員の構成	園長先生/副園長先生/主任 保育教諭〇名(担任〇名，副担任〇名，預かり〇名) 栄養管理士〇名/調理師〇名/看護師〇名 事務員〇名/バス運転手〇名		
地域の実態	・JR〇〇線　〇〇駅からバスで〇〇分 ・周辺には〇〇小学校と〇〇高校がある ・児童発達支援施設が隣接している ・緑豊かな場所にあり，近くには大きな公園がある		
その他	(環境、設備等) ・園舎内は，明るく，木のぬくもりが感じられる温かみのある大きな家庭をイメージした施設である ・給食室はガラス張りになっているため，子どもたちが調理している様子を見ることができる ・園庭には，長い滑り台やブランコがあり，遊具が充実している ・保育室の仕切りが取り外し可能になっていて，必要に応じて合同保育ができる		

実習園の環境構成図は定規を使って作成しましょう。保育室や遊具はそれぞれの面積が適当な大きさになるようにバランスよく書きましょう。階数や園庭を含んだ実習園全体の環境図と配属されたうちの一つの保育室を描きます。保育室の年齢児やクラス名，玄関や水道の位置，遊具の名前もきちんと描いておきましょう。園の環境を見て子どもたちが安全に遊べる導線ができているか，どんな遊びの展開があるのかを想像してみましょう。

環境構成図

【記入例】　実習園環境構成図

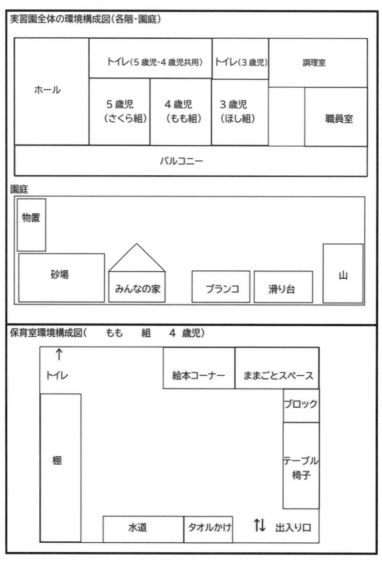

第4節　実習全体の目標

実習全体の目標を立てる

　実習を行うにあたり，実習全体の目標（学びたいこと）を立てましょう。これまで実習には様々な段階や意義があることを学んできました。各実習前に「自分はこの実習で何を学びたいのか」を明確にすることで，いつどこで誰に焦点を当てて観察すれば良いのかという観察の視点が定まり，さらに自分自身が子どもたちとかかわる中で様々な実践を通して学びが深まります。実習の段階や内容によって目標は変わりますが，それを踏まえて自分の目標を明確にしましょう。目標がないまま実習に臨んでしまうと，自分で何をどのように学ぶのかが曖昧になり，なんだか中身の薄い実習になってしまいます。自分の目指すべき保育者としての姿を想像しながら充実した実習になるようにしましょう。

目標を立てるときのポイント

　自分がどんなことを学びたいかですが，例えば「年齢ごとの子どもの発達段階を確認したい」，「給食場面の保育者の子どもへの言葉かけを観察したい」，「部分実習・責任実習を通して子どもたちが安全に活動できる環境構成を学びたい」など，実習生一人ひとり違うはずです。まずは自分の実習段階を踏まえ，誰を観察対象にするのか，どの場面を中心に観察したいのか，自分自身の実践を通して何を学びたいのか等，よく考えて目標を立てましょう。

感情を入れないようにする

　実習生に目標を聞くと，「一生懸命笑顔で頑張ります！」，「辛くても最後までやり切ります！」「ムカついても顔に出さないように我慢します！」などと返ってくることがあります。厳しい言い方かもしれませんが，実習を笑顔で頑張るのは当然ですし，決められた期間をやり切るのも当たり前のことなのです。自分の機嫌を自分でとったり，自分の感情をコントロールしたりすることは，実習に限らず普段の生活でも大切なことです。
　また，学ばせていただいているという謙虚な姿勢が大切ですので，例え理不尽なことがあったとしても，まずはご指導いただいたことを素直に受け入れることが大切です。受け入れた後，やっぱりよくわからないと思うようなことがあった場合は，改めて実習園の先生に質問すると良いでしょう。

楽しくて居心地の良いだけの実習はない

　辛いことが全くない実習なんてないのです。もし，楽しくて居心地の良い実習があるとしたら，それはご指導していただいている先生方の相当なご配慮があるか，辛い状況にあるけれども実習生がそれに気づいていないか，実習生の自己評価がとんでもなく高いかです。そもそも実習をこなすことが目標になってしまっている人は，決められた日数をこなすだけでいいと捉えていますので，自分から学ぼうとする意欲や前向きな気持ちがなく，自身で学びを止めてしまいます。「実習を振り返って楽しかった！」で終わってしまう人は，もっともっと学ぶべきことがあったのではないか？と自分自身で振り返る必要があります。

　実習の目標は，実習の段階によって違いますので，以下の例を参考に考えてみましょう。

keyword

① 園の基本的な生活の流れ
② 保育者の職務内容
③ 子どもの発達段階
④ 保育者の子どもへのかかわり
⑤ 子ども同士のかかわり
⑥ 保育者の個と集団への対応
⑦ 場面ごとの働きかけ
⑧ 実習生の実践を通して

観察・参加・部分実習の場合

【例】
- 幼稚園（保育園・こども園）の一日の流れを観察し，保育者の役割と活動内容を知る
- 年齢ごとの発達段階を観察し，適切なかかわり方を学ぶ
- 一人ひとりの特性をよく観察し，子どもの遊びに注視する
- 子どもたちが安心して過ごせるための保育環境を知る
- 発達段階の異なる子どもたち一人ひとりに対する保育者の配慮を観察する
- 登園時（降園時）の保護者に対する言葉かけやかかわり方を観察する
- 絵本の読み聞かせや手遊びを積極的に行い，子どもたちの表情や発言を観察する
- 歌や手遊びを通してコミュニケーションの取り方を学ぶ
- 子どもたちを惹きつけるための言葉かけを観察する
- 話し方や声色，抑揚に気をつけながら，絵本の読み聞かせを実践する
- 子ども同士のかかわりを見守り，場面に適した保育者の働きかけを観察する
- 遊びを通して友達とどのようにかかわり合うのかを観察する
- 月齢による発達段階や個人差を観察し，一人ひとりに合わせた援助方法を知る

部分・責任実習の場合

【例】
- 保育者の働きかけによって子どもの言動にどのような変化があるのかを観察する
- 保育者同士がどのように情報共有や連携をとっているのかを観察する
- 子どもたちの興味や関心に合わせた活動を行う際の環境構成の工夫を学ぶ
- 子どもの行動や発言の裏にある思いを丁寧に汲み取り，一人ひとりと丁寧にかかわる
- 個と集団に対するかかわり方や言葉かけの違いを知る
- 各年齢の発達の特徴を捉え，言葉かけを工夫する
- 配慮が必要な子どもへの言葉かけや援助の仕方を学ぶ
- 季節の行事の取り入れ方や子どもたちが関心を持てるような保育活動について学ぶ
- 主活動を通して子どもの行動や発言の意味を捉え，気持ちに寄り添った援助を行う
- 子ども一人ひとりに対する保育者の働きかけの意図を理解する
- 子どもの気持ちを受容し共感しながら，友達同士のかかわり方を見守る
- 怪我や事故のないように環境構成を工夫し，子どもたち全体を見守る
- 子どもたちがより遊びを発展させられるような環境構成の工夫や配慮を知る
- いざこざの際の仲裁の仕方や対応を学ぶ
- 子どもたちに適した主活動を立案し，安全に活動できる環境構成を学ぶ

第5節　実習前の事前確認

実習全体の目標を再確認

　いよいよ実習が近づいてきました。自分はこの実習で何を学ぶのかを改めて確認しましょう。子どもたちと一緒に過ごす中で，一人ひとりの発達段階や遊びや様々な活動を通して子どもの興味・関心を観察し，「子どもってどんなことができるんだろう」と子どものできることや子どもの持っている力のすごさを実感してきてください。みなさんの予想もしない子どもたちの姿があるかもしれません。また，場面ごとの保育者の子どもへのかかわり方もよく見てきましょう。ただ観察するだけではなく，まずは，先生方の働きかけを真似てみることから始めるといいでしょう。「こんな時はこんな声かけをするのか！」，「こんなふうにかかわってみよう」など，失敗を恐れず積極的に行動してみてください。

実習前の不安を解消

　どんなに準備をしても実習には不安と緊張がつきまといます。そんな時は，どんなことに対しても「子どもと一緒に一生懸命取り組む姿勢」を意識してみてください。実習は楽しいだけではありませんが，まずは子どもたちとたくさんかかわる中で，みなさん自身が楽しもうとする前向きな気持ちが大切です。また，自分はひとりだ…と孤独を感じるのではなく，子どもたちとコミュニケーションをとり，子どもたちから情報やヒントをもらいながら，「子どもと一緒に作り上げていく保育」を実践してみましょう。

守秘義務を守ること

　実習で知り得た情報は口外しないようにしましょう。SNSに投稿したことがわかった時点で実習中止となる事例もあります。また，実習生自身の個人情報についても十分注意してください。安易に実習園に電話番号やSNSのアカウントを知らせないようにしましょう。
　守秘義務違反になることを以下にまとめます。

絶対にしてはならないこと

- 子どもや実習日誌を写真に撮り，SNSに掲載する（裏アカや鍵付きであっても禁止）
- 実習の様子をSNSに書く（後から消去しても禁止）
- 個人名を入れてSNSに書き込むことは，例え楽しかった出来事であっても禁止
- 通勤途中で個人情報を口外する（偶然会った知人に実習の事を話す等も禁止）
- 実習生同士で園の実名を出しながら会話する
- 園児の家族に関する個人情報を自分の家族に話す
- 実習園から連絡先を教えてほしいと言われる場合がありますが，トラブルを避けるため，一度，養成校の教員に相談してください

最終チェック

　本書の中で説明してきた内容を一緒に確認しましょう。答えは本書をよく読めばわかるようになっています。（実習日誌に関してはp84以降に書かれています）

☐　実習日誌の「保育のねらい」，「主な活動」はいつ誰に聞きますか？

☐　毎日の実習日誌はいつ誰に提出しますか？

☐　日誌を提出する際の注意点とは？

☐　日誌を園で書いて良いと言われました。漢字がわからない時はどうしますか？

☐　日誌を書き終えないまま疲れて寝てしまいました。どうしますか？

☐　1日の実習終了後に，先生から「なにか質問はありますか？」と聞かれました。何と答えますか？

☐　実習最終日の反省会で，自分が先に部屋で座って待機していました。後から先生方が入ってきた時，どのような態度で先生方に挨拶しますか？

☐　実習中，子どもたちと遊んでいたら子どもが転倒し頬にすり傷ができてしまいました。園の先生方が対応してくださり大事には至らなかったが，他にする事はありますか？

☐　1日の実習を終えて先生方より先に帰る際，どのように挨拶をしますか？

☐　朝起きたら38度の熱がありました。どうしますか？

実習直前チェックリスト

実習直前にはチェックリストで最後の確認をして，実習に臨んでください。

NO	項目	✓	✓
1	実習園の電話番号と郵便番号＆住所を登録し，手帳にメモしてある		
2	大学の電話番号，実習担当教員の連絡先を登録し，手帳にメモしてある		
3	一緒に配属されている実習生の氏名，連絡先を登録してある		
4	遅刻・欠席等の連絡方法がしっかり頭の中に入っている		
5	実習期間と勤務時間（早番・遅番）の確認ができている		
6	初日の出勤時間を把握している（初日は早めに出勤する）		
7	初日に提出する書類（誓約書や健康診断書等）を用意した		
8	出勤簿に押印する印鑑と朱肉を用意した（シャチハタ使用不可）		
9	エプロン（4枚～6枚）を用意した		
10	通勤着（スーツ），保育着（ジャージ，帽子，靴下等）を用意した		
11	名札（縫い付け，ピン可なども確認）を用意した		
12	ポケットティッシュ，ハンドタオル，マスクの予備などを用意した		
13	製作セット（必要最低限の文房具）を用意した		
14	移動用の小さいバックを用意した		
15	上履きは綺麗に洗ってあり，実習生の名前が書いてある		
16	外履きは綺麗に洗ってあり，かかとを踏んだ状態にしていない		
17	給食支払い用の一筆箋と封筒を用意した		
18	お礼状の便箋と封筒を用意した		
19	修正テープ（修正印）の用意をした		
20	日誌・指導案を自分でコピーし，予備を用意した		
21	メモ帳は記入しやすいように場面ごとに区切ってある		
22	日誌・指導案記入用のボールペンを数本用意した		
23	名前を書いた新しいクリアファイルを複数枚用意した（10枚以上）		
24	実習日誌の書き方，提出方法を復習した		
25	部分実習，責任実習の実践予定日を把握している		
26	部分実習，責任実習の指導案を用意した（提出日要確認）		
27	部分実習，責任実習に必要な保育教材や道具を用意した		
28	年齢ごとの発達段階を復習した		
29	実習のマナーを復習した（挨拶や言葉遣いなど）		
30	髪の毛は自然な黒色に戻しまとめる準備をした（触覚，ピン不可）		
31	ネイルやつけまつげ，ピアスはしていない		
32	手足の爪は短く切り，清潔に整えてある		
33	健康状態は良好である		
34	笑顔で子どもたちとかかわる心づもりがある		
35	守秘義務についてしっかりとした順守できる心構えがある		
36	実習全体の目標をすぐに話せる状態である		
37	実習初日の自己目標を立ててある		
38	子どもたち向けの自己紹介の準備が万端である		
39	先生方への挨拶を練習した		
40	手遊びのレパートリーが5つ以上ある		
41	年齢に応じた絵本や季節を意識した絵本を選び，読み聞かせの練習をした		
42	教員の訪問指導予定日を把握している		
43	訪問指導教員に訪問指導依頼書を提出し，挨拶は済ませている		
44	実習終了後の養成校への実習日誌の提出方法を把握している		
45	お礼状を投函する時期を把握している		

第6節　訪問指導教員への挨拶

　実習期間中に訪問指導担当教員が実習園を訪問します。実習が始まる前に，**「訪問指導依頼書」**を持参し，必ずご挨拶に伺いましょう。まずは，実習園の確認や園長先生のお名前，電話番号，実習期間などを一緒に確認しましょう。もし，実習期間の変更がある場合は必ず伝えましょう。また，訪問指導の日時がすでに決まっている場合は，聞いてメモをしておきましょう。みなさんは，実習期間中に直接，学内の教員から指導を受ける唯一の機会となります。今回の実習で学びたいことや実習中に感じている不安や戸惑いなどがあれば，事前に訪問指導担当教員に伝えておきましょう。この時点で「実習に行きたくない」とか「うまくできるか不安」などと思っている人は，特にその気持ちを事前に聞いておいてもらうといいと思います。

訪問指導依頼書

【記入例】　訪問指導依頼書

学年・クラス・番号：	○年　○クラス　No. ○○　　氏名：　○○　○○
実習園名：	学校法人　○○○　　○○○幼稚園　※正式名称を記入
実習期間：	令和　○年　○月　○日（○）　～　○月　○日（○）
園長氏名：	※フルネーム、漢字で記入　　実習担当氏名：　○○　○○　先生
実習園所在地：	〒　　※漢字で正確に記入する
実習園電話番号：	※正確に記入する

【本実習で学びたいこと】
　今回の実習では、場面ごとの保育者の子どもへの言葉かけの違いを学びたいです。また、責任実習を通して、集団と個へのかかわり方の違いを学びたいです。集団を動かしながらも一人ひとりの子どもの言動の裏にある気持ちを丁寧に汲み取り、子どもに寄り添ったかかわりをしたいです。主活動では、子どもの年齢や興味関心、季節に合わせた活動を考え、時間配分を意識して実践したいです。

【部分・責任実習予定表】

	実践日時	配属クラス・（　歳児）	実習内容
1日目	6月　5日（月）	きりん（4歳児）	
2日目	6月　6日（火）	きりん（4歳児）	部分（帰りの会）
3日目	6月　7日（水）	きりん（4歳児）	部分（手遊び・絵本読み聞かせ）
4日目	6月　8日（木）	ぞう（5歳児）	
5日目	6月　9日（金）	ぞう（5歳児）	部分（手遊び・絵本読み聞かせ）
6日目	6月12日（月）	ぞう（5歳児）	部分（朝の会）
7日目	6月13日（火）	ぞう（5歳児）	
8日目	6月14日（水）	ぞう（5歳児）	責任（主活動：製作）
9日目	6月15日（木）	ぞう（5歳児）	
10日目	6月16日（金）	ぞう（5歳児）	責任（主活動：室内遊び）

第7節　実習の辞退

　実習科目の履修中に進路変更等により，実習をとりやめる場合は速やかに実習担当教員に申し出ましょう。養成校の多くは，まずは実習担当教員が面談をすることになるかと思います。本人の意向を聞き，保護者の了解を得た上で実習辞退という判断になるでしょう。実習内容や資格・免許取得のことで悩んでいる場合は，一人で抱え込まずに早めに実習担当教員に相談しましょう。実習の辞退に伴い，養成校側から実習園への速やかな手続きが必要になりますので，事前に情報共有しておくことが大切です。

第4章　実習に向けた実践

第1節　模擬保育

模擬保育（部分実習）

模擬保育の意義

　養成校では実習に向けて模擬保育を行い，より実践的な学びを行います。模擬保育は，みなさんが保育者として計画・実践・振り返りをすることで，みなさん自身が主体となって保育の楽しさや難しさを体感できる貴重な機会になります。また，保育実践後に自己評価や周りの人から客観的な評価を受けることで，みなさん自身も自分の保育を客観的にみることができ，自己課題も明確になります。実習を控えているみなさんにとって，実際に保育現場で役立つスキルや経験を得る機会にもなるでしょう。

ねらいを立てる

　模擬保育を行う際には，必ず年齢や子どもたちの発達段階を踏まえてねらいを立てましょう。ねらいは，子どもに対するみなさんの願いです。「こんなことを伝えたいな」，「こんな力を育んでもらいたな」，「この活動を楽しんでもらいたいな」等，みなさんの思いや願いを明確にしましょう。ねらいを立てたら，そのねらいを達成させるための内容を考えましょう。

文 例

- 絵本を通して食べ物の大切さを知る
- 手遊びを通して手先の発達を促す
- 手遊びを通して数に興味を持つ
- クイズを通して思考力や想像力を養う
- ペープサートを通して数字に親しむ
- スケッチブックシアターを通して友達とコミュニケーションをとる
- 自分の思いを伝えたり，受け止めたりする喜びを知る
- 手袋シアターを通して，友達と一緒に歌う楽しさを知る

模擬保育の流れ

POINT　模擬保育の基本的な流れ

（1）最初に保育者役は子ども役に対象年齢と設定場面（ねらい）を伝える
（2）保育者役に注目させるような声かけをして始める
（3）絵本の読み聞かせや手遊び，自分で製作した保育教材を取り入れ，決められた時間内で模擬保育をする
（4）次の活動につなげるような声かけをして終了

　以上の流れを効率的かつ円滑に行うために，淡々と一人で保育を行うのではなく，子どもたちと一緒に保育を作り上げていくイメージで実践する，ふざけすぎや保育者役を困らせるような言動はしない，子ども役は設定された子どもの年齢に適した対応をする，などの工夫があります。また，保育者役が緊張から困っている様子があれば，子ども役が子どもの立場になって良い雰囲気で進められるように配慮することも大切です。この模擬保育では，決められた時間をしっかりと厳守する重要さも実感してほしいです。一日の流れを把握し，時間感覚をもって，業務にあたることは保育者にとってとても大切だからです。模擬保育の内容は，絵本の読み聞かせや手遊び，みなさんが養成校で製作した保育教材などを活用するとよいでしょう。養成校の授業以外でも，日頃から積極的に自分で保育教材について理解を深め，製作を行っておくと良いと思います。その際は，この保育教材で子どもたちに何を伝えたいのか，必ずねらいを明確にしておきましょう。
　そして，模擬保育といえども，服装や髪型，身だしなみは実習と同じようにしましょう。学内で決まったエプロン等があればそれを着用し，髪をまとめてください。実習へ向けて意識を高めるためにも，実習と同じような状況で模擬保育を行うことは大切です。模擬保育終了後は，保育者役は自己評価し，養成校の先生に指示された方法で振り返りをしてください。
　それでは，模擬保育の具体例を2つほど示します。

模擬保育 実践例①　設定：5歳児　場面：朝の会
内容：手遊び「ピカチュウ」，スケッチブックシアター「自己紹介」

	段階	保育者の声かけ	留意事項
1	片付け 集合	みなさん，おはようございます。 今から先生が楽しいお話をします。 おもちゃを片付けて先生の前に集まって座ってください。 ○○ちゃん，かっこいい姿勢だね。 歩いて集まってね。	全員が座っているか，子どもたちの様子を確認する 褒めるときは名指しで，注意するときは全体に向けて話す
2	手遊び	みんなピカチュウって知ってる？ これから先生の大好きなピカチュウの手遊びをやります。 かっこいいピカチュウと可愛いピカチュウが出てくるんだ！ みんなも一緒にやってみてね！	一度お手本を見せると子どもたちも真似しやすい
3	導入	先生は今日から2日間，「もも組さん」のみんなと一緒に過ごさせていただくことになりました。 まず，先生のことをお話ししたいと思います。	全員スケッチブックが見えているかを確認する
4	自己紹介 (スケッチブックシアター)	先生のお名前は○○と言います。 ○○先生って呼んでください。 先生の好きな動物は… 先生の好きな食べ物は…	クイズ形式を取り入れて子どもたちの表情や発言を観察する，コミュニケーションをとりながら行う
5	次の活動 へ繋げる	それでは，これから外に出て鬼ごっこをして遊びたいと思います。みんな必ずおトイレに行ってから，外に行く準備をしてください。	次の活動の見通しを立てる

模擬保育 実践例②　設定：4歳児　場面：給食
内容：手遊び「ぼうがいっぽん」，ペープサート「数字のうた」

	段階	保育者の声かけ	留意事項
1	導入	今日の給食は何かな，準備ができるまで先生と待っていようね！ あれれ？○○くんはどこだ？？ みんな！今から先生が呼んだお友達をこんなふうに指さして遊んでみよう。	全員が座っているか，子どもたちの様子を確認する 実際にやって見せる
2	手遊び	まずは，両手で指を1本ずつ出してみてね 1本と1本で2本になったかな。 それじゃ，よーし，○○くんをさがすぞ！！ みんなはみつけられるかな？ 先生の歌に合わせて先生の真似してね！	手遊びを知らない子どもがいる場合は，簡単に説明する，または，見本を見せる
3	数字の歌 (ペープサート)	今1本，2本っていう数字が手遊びに出てきたね。 みんなはその他の数字って知っている？ じゃ，8ってどんな形してるかな？ すうじの8はだるまさんみたいだね。 みんなで一緒に数字の歌を歌ってみよう！	ペープサートを見せながら数字と数字に似た形を見せる 1つ1つ見せながら数字を確認する 教えるのではなく，歌を通して数字に興味を持たせる
4	次の活動 へ繋げる	わぁ，おいしそうな匂いがしてきたね。 先生もおなかすいてきちゃったなぁ。 それでは，今日は(時計の)8になったらお片付けしようかな。給食が終わったら，みんなで数あそびしようね！！	給食の時間が楽しい時間になるように声かけを工夫する 時計の数字に興味を持たせることから始め，時間を読むことにつなげる 給食が終わった後に楽しいことがあることを知らせ，見通しを持たせる

Exercise 模擬保育の構想

　模擬保育を実際に構想してみましょう。前頁の例に倣い，4つから5つの段階に分けて考えてみてください。できれば，ねらいを明確にしましょう。4つの段階の場合は，5つ目の枠には記入しなくて結構です。構想することができたら，実際に模擬保育を行ってみましょう。

	設定：[　　　]歳児	場面：[　　　　　　　　　　]
1		
2		
3		
4		
5		

【注意・配慮すること】

【本番までに準備すること】

第2節　保育教材の製作

　保育教材とは，幼児教育や保育において子どもたちの学びや発達を促進するために使用される様々な素材や道具を指します。保育教材は，子どもたちの発達を支えるために欠かせないものであり，みなさんがその製作にかかわることは，実践的なスキルを身につけるための貴重な経験です。教材製作を通じて，教育者としての視点を深め，より良い保育環境を提供する力を育むことができます。

保育教材の役割と重要性

　保育教材は，子どもたちの認知的，情緒的，社会的，身体的な発達の促進をサポートします。子どもたちは遊びを通じて学ぶため，魅力的な教材が必要です。色や形，音など，感覚に訴える要素が多い視覚的な教材は，子どもたちの興味を引き，積極的な学びを促します。また，子どもたちが自分の考えや感情を表現するための手段ともなります。アートや音楽などの教材は自己表現を促進し，創造性を育むことができます。

学生による手作り保育教材の製作

　教育実習や保育実習において，みなさんが保育教材を製作することはとても重要な経験です。緊張や不安の中で行う実習では，手作りの教材が子どもたちとのコミュニケーションのツールとなりますので，必ずみなさんの助けとなってくれるでしょう。製作の留意点を理解し，実習前に保育教材をできるだけたくさん準備しましょう。

　まず，保育教材の目的を明確にすることが大切です。対象となる年齢層やねらいを考慮して，どのような場面で活用するのかを決めます。その際，どのような種類の教材があるのかを知り，それらはどのような効果があるのかを理解します。次に，実際に使用する素材を選びましょう。安全性や耐久性，子どもたちの興味を引く要素を考慮し，適切な素材を選ぶことが大切です。取れやすい細かい装飾品などは必ず貼り付けます。万が一，落としてしまったときに子どもたちが踏んで怪我をしてしまったり，誤って飲み込んだりするのを防ぐためです。

　教材の製作は，創造的なプロセスです。手作りの教材を作ることで，みなさん自身の理解が深まり，実際の保育現場での応用力が養われます。授業の課題だから仕方なく作るとか，とにかく可愛いだけを意識するのではなく，工夫を凝らし，子どもたちが楽しめる要素を取り入れることが大切です。

実践と振り返り

　手作りの教材が完成したら，まずは養成校での模擬保育などで実践してみましょう。友達や先生方からフィードバックを受けることで，教材の改善点や新たなアイデアを見つけることができます。必ず事前に実践をしてから実習園で使用してください。子どもたちの前で行うことを想定して補強をしたり，演じ方を工夫したりすることを忘れないでください。

　実習園で教材を実際に使用する際には，ねらいを明確にしたうえで，事前に担任の先生に相談しましょう。安全面や子どもたちの興味・関心などを含めて確認してもらい，助言を受けてください。子どもたちの前で実践する際は，子どもたちの表情や発言などを観察してみましょう。みなさん自身も，製作した教材の効果を振り返り，何が良かったのか，何を改善すべきかを評価してみてください。今後の保育実践に向けての重要な学びとなります。

様々な保育教材

　保育教材には「手袋シアター」，「シルエットクイズ」，「切り絵」，「ペープサート」，「スケッチブックシアター」，「スプーンシアター」，「暗闇シアター」，「エプロンシアター」，「パネルシアター」，「マジックシアター」，「紙皿シアター」，「紙コップシアター」など様々なものがあります。

　例えば，スケッチブックシアターは，保育現場で非常に人気のある教育的な道具で，主に視覚的にストーリーや内容を表現するものです。スケッチブックに描かれた絵やイラストを使って，物語やテーマを視覚的に表現します。これにより，子どもたちの注意を引き，興味を持たせることができます。実習では，みなさんが自己紹介として使用し，参加型の活動として，子どもたちと対話しながら楽しむことができます。

スケッチブックシアター

手袋シアターは手袋や手に装着する人形を使った演劇形式の教材です。手袋に人形の顔や体が描かれており，保育者や教師が手を入れて演じることで，物語やキャラクターを表現します。色とりどりの人形やキャラクターが描かれた手袋は，子どもたちの視覚に訴えかけ，興味を引きます。
　また，手袋シアターは手遊びを行う際にとても効果的です。子どもたちと対話をしたり，一緒に歌ったりしながらコミュニケーション能力を育みます。手や指を使って動かすため，子どもたちの細かい運動能力を養うことにもつながります。

[手袋シアター]

　エプロンを舞台に見立てて，ポケットから人形を取り出したり，エプロンに貼りつけたりしながら演じていくエプロンシアターは，見ごたえ抜群です。準備は大変ですが，エプロンシアターで自己紹介すれば子どもたちみんなが参加して楽しんで聞いてくれるでしょう。

[エプロンシアター]

その他にも様々な保育教材があるので，実習前には養成校での授業を思い出したり，検索したりして，何を実習で扱えばよいかを考えてみましょう。

ペープサート

暗闇シアター

パネルシアター

スプーンシアター

模擬保育の様子

第3節　絵本の読み聞かせ

絵本の読み聞かせについて

　実習園では必ずと言っていいほど子どもたちに絵本の読み聞かせをしています。場面の切り替わりで子どもたちを落ち着かせたり，注意を引きつけたり，保育者が伝えたいことを絵本を通して伝えたりと，絵本の読み聞かせは「ただ読む」「ただ聞く」「ただ見る」だけではなく，たくさんの良いことがあります。絵本の読み聞かせについては，その園の保育・教育方針や保育者によって絵本の選定や絵本の持ちかた，読み方，こだわりなどによって違いがありますので，実習では配属されたクラスの先生のご指導を受けてください。ここで注意して欲しいことがあります。ご指導を受けた際，「学校ではこう習ったんですけど…」「なんか先生によっていうことが違うからややこしい…」と先生のご指導を素直に受け入れられず反感を買ってしまう実習生がいます。養成校で習うのはあくまで一般的なものとして捉えましょう。また，1つのやり方に固執するのではなく，その時の状況によって読み聞かせの方法が変わること，保育者の読み聞かせに対するその時の意図を汲み取りながら臨機応変に対応することがとても大切です。

読み聞かせの良いところ

　乳児期は，少人数に対して読み聞かせをすることが多いため，子どもを膝の上に乗せたり，顔を近づけたりしてコミュニケーションを取りながら読むことで子どもの情緒が安定します。また，絵本の読み聞かせを通して，語彙を豊富にし，言葉の音やリズムを繰り返すことで言語感覚を身につけることができます。絵本に出てくる文字やものにも興味を持つようになります。幼児期は，登場人物の喜怒哀楽を感じたり，自分の経験と重ねたりすることでその感情に共感し，想像力や考える力を豊かにします。また，情報絵本や科学絵本などを通して様々な知識を得たり，視野を広げたりすることができます。児童期以降の読書習慣の基礎が身につくことも読み聞かせの良いところと言えるでしょう。
　実習中，「先生に読むように言われたから仕方なく読むしかない」，「時間があるから暇つぶしにとりあえず読む」のではなく，「この絵本を通して子どもたちに何を伝えたいのか」，「保育者としてどんなことを願って読むのか」など，みなさん自身がねらいを持って絵本を選定することから始めましょう。

絵本の選定について

年齢や子どもの数，子どもたちの興味・関心，場面に合った絵本を選定しましょう。例えば，少人数に対してはしかけ絵本，集団に対しては大型絵本という感じです。この選定を間違えてしまうと，子どもたちとコミュニケーションを取る機会を逃し，みなさん自身も子どもたちの様子をみて「失敗した」と自信を無くすことになりかねません。読み聞かせの際は，自分の目の前の子どもたちの様子をよく観察し，内容も含めてどの絵本が適しているのかをよく考えましょう。絵本のリストを巻末資料に載せておきますので，参考にしてみてください。

実際にあった実習生の失敗例を紹介します。

絵本の選定 失敗例

- 2歳児の子どもたちに対して，文字がたくさんある長い物語を読んでしまい，誰1人興味を示してくれず，みんな飽きてしまった。
- 午睡前に戦いごっこの絵本を読んだら，子どもたちが興奮して，布団の上で戦いごっこが始まってしまい，午睡どころではなくなった。
- 雨の日に楽しい遠足の本を読んだら，子どもたちが外へ行きたくなってしまい，子どもたちの気持ちを切り替えるのに苦労した。

確かにこれは，子どもたちの発達段階や場面に適しているとは言えませんね。それでは，具体的にどのようにすれば良いのでしょう。絵本の読み聞かせには必ず保育者の意図があります。実習生であっても「ただ読む」のではなく，必ず意図を明確にして絵本を選定しましょう。ただし，実習期間中に実習生が子どもたちの姿を完全に捉えることは難しいので，常に子どもたちと関わっている担任の先生に相談し，指導や助言を受けましょう。

例えば，子どもの様子に合わせて保育者の意図を持って絵本を選定するとは，次のようなことです。

意図のある選定例

- 2歳児（オムツからパンツへ移行時期）でパンツに興味を持っている子どもが増えてきたから，オムツ外しにつながるような絵本を読もう。
- 3歳児クラスで集団遊びが増えてきたから，決まりやルールを守ることの大切さを絵本を通して伝えよう。
- 5歳児クラスで自分の気持ちをうまく伝えることが出来ずにいざこざが増えてきたから，自分の気持ちを言葉にして相手に伝える大切さ，相手の話を聞くこと，相手を思いやる大切さを伝えられる絵本を読もう。

保育者は常に目の前の子どもたちの様子を把握し，今子どもたちに何が必要なのかを考えていることがわかります。

絵本を選んだら，必ず下読みをし，絵本の流れや内容を理解しておくことが大切です。実習では自分で絵本を数冊用意しますが，先生から「この本棚から選んで絵本読んで！」と急に言われることもあります。そのような時は初見で読むこともあると思いますので，その時に困らないように，事前にたくさんの絵本を知っておくことが大切です。

読み聞かせの環境構成

読み聞かせを始める前は，読み聞かせをする環境を整えましょう。まずは，子どもたちが床に座っている場合は，保育者は椅子に座る，子どもたちが椅子に座っている場合は，保育者は立つ，というように少しだけ傾斜をつけると子どもたちは絵本が見やすくなります。保育者は子どもたち全員から絵本が見える位置かどうかを確認します。必要であれば移動するように声をかけます。また，光が入りすぎてしまう場合はカーテンなどで遮光したり，絵本に集中できるように周りの音を遮るためにドアを閉めたりする配慮も必要です。

子どもたち全体に目配りをすることも忘れてはいけません。絵本を読むことだけに集中せずに，子どもたちがどのような表情で聞いているのか，興味を持って集中しているのかというところもよく見ましょう。また，読んでいる最中に噛みつきやいざこざなどがおきてないか，保育室を抜け出す子どもがいないかなどの安全面にも十分気をつけましょう。

絵本の持ち方

絵本の読み聞かせをする際，子どもたちは絵本に興味を持つと近づいてきたり，絵本を指したり，触ってきたりすることがあります。そのような時，みなさんは絵本がグラグラしたり，傾いたりしないようにしっかりと持たなければなりません。また，みなさんがページをめくる準備等をして，自分の持ち手で絵本を隠さないように注意しましょう。子どもたちにまず絵をしっかり見せることを意識して，絵を隠さないように持つことが大切です。

絵本の読み方

全体に届く声の大きさで，言葉をはっきりと読みましょう。また，絵本に書かれている言葉に自分の言葉を付け足したり，省略したりしないようにします。「これは〇〇って言うのかな」「この後どうなっちゃうのかな～」「これは〇〇っていう意味なんだよ」などの質問や問いかけ，説明したりすることもやめましょう。子どもたちの想像の世界を壊してしまいます。ただし，絵本を通してみんなでコミュニケーションをとりたい，何かを教えたいなどの意図がある場合はま

た話は別です。また，読み手は躓くことなく，読む場面によって緩急をつけたり，多少の声色を変えたりながら読みますが，演じすぎないように気を付けましょう。

　子どもたちの集中力を遮らないためにめくり方にも配慮が必要です。話の流れに合わせてスムーズにめくれるように事前に何度も練習しておきましょう。めくる準備をして子どもたちの視界を遮らないようにしたり，めくった瞬間に新しい絵に集中したりさせるように間を取ることも大切です。子どもたちはまず絵を見ます。その後，読み手の声が自分の見ている絵と重なる，そんなイメージを持つと良いでしょう。

注意や配慮について

　読み聞かせをする際に1番大切なことは，ゆっくりと心を込めて読むことです。読み手自身が絵本を読むことを楽しみましょう。ただし，あくまで読み手は絵本が主役であることを忘れてはいけません。読み手はあくまでも黒子です。絵本を大袈裟に揺らしたり，演じすぎたりしてしまうと，子どもたちは絵本ではなく読み手に注意がいってしまいますので十分気を付けてください。

　また，子どもたちには，絵本を読むことを強制しないようにしましょう。もし，他の遊びに集中している様子だったり，気持ちが絵本に向かなかったりした場合は，無理強いせず，「片付けが終わったらおいで」，「先にみんなで絵本読んでるよ」などと声をかけると良いでしょう。子どもは何か楽しいそうなことやっているなと思ったら自分から来るものです。例え，読み聞かせの場に来なかったとしても，保育室の端から読み聞かせを聞いている子どももいます。読み手は読み聞かせをしながらもその子どもの様子を見守り続け，適度に声をかけるようにしましょう。

　読み終えた後にすぐに感想を求めることもやめましょう。よく「楽しかった人？」「また読んで欲しい人～？」などと子どもたちに声をかける実習生がいます。このような声かけは子どもに楽しかった，また読んで欲しいと強制的に言わせているようなものです。もし子どもたちに声をかけるとしたら「先生はこの絵本好きだな」「先生はこの絵本面白かったな」というように，自分の感想として伝えると良いでしょう。子どもたちは一人ひとり感じ方や捉え方が違いますので，それらを大切にしましょう。

　最後に，表紙から裏表紙まできちんと見せることで，子どもたちは絵本の世界の余韻に浸ることができます。特に実習生は，早く読んで終わりたいと焦ることもあると思いますが，ゆっくりで大丈夫です。子どもたちの表情や発言に耳を傾けると，また予想もしなかった子どもの姿を見ることができるかもしれません。

第4節　手遊び・童歌

手遊び・童歌の引き出しを増やす

　実習生にとって最初の関門は，子どもたちの前で手遊びや童歌を行うことではないでしょうか。乳児に対して個別に行う場合もあれば，集団に対して行うこともあります。手遊びや童歌は，子どもたちとコミュニケーションを取れるだけではなく，場面の切り替わりや主活動の導入として行う場合があります。手遊びや童歌に期待できる効果や良さを事前に理解し，場面に応じて積極的に活用していきましょう。実習園によっては，童歌のみを取り入れている園もありますので，実習園で先生方がどのような歌を歌っているのかをよく観察しましょう。

　子どもたちは，先生と一緒に行う手遊びや童歌が大好きです。みなさんもたくさんの手遊びや童歌を通して子どもたちとすぐに仲良くなれるはずです。自分の引き出しをたくさん増やしておくことで実習中の不安も解消されると思いますので，ぜひたくさんの手遊びや童歌を子どもたちの前でできるようにしておいてほしいと思います。

　手遊び・童歌リストを巻末資料の載せておきますので，ぜひ参考にしてみてください。

手遊び・童歌の良さ

　場所や道具を使わないため，いつでもどこでも行うことができます。手遊びや童歌を通して子どもたちとコミュニケーションを取ることができ，特に少人数の場合はスキンシップによって子どもの情緒が安定します。

　また，手遊びや童歌をくり返し行うことにより，発語を促したり，数の概念を感覚的に身につけたりすることができます。他の子どもとかかわりながら遊ぶことで社会性や認知機能の発達を促し，様々な動きを通して運動能力を高めたり，身体や手先を動かしてリズム感や反射機能の発達を促したりします。

　さらに，手遊びにでてくる様々なものの名前を覚えたり，身近なものに興味・関心を深めたりします。季節や行事などの手遊びもたくさんあるので，手遊びを通して季節や行事に親しむこともできます。手遊びにでてくる登場人物になりきったり，何かに見立てたりして想像力を養うこともできます。

手遊び・童歌のヒント

　年齢や人数，場面やねらいによって手遊びや童歌を選ぶことが大切です。目の前の子どもたちが今何に興味・関心があるのか，発達段階なども含めて選びましょう。手遊びや童歌には，手指だけではなく腕や体全体を動かすものもありますので，その時の状況に合わせて選ぶと良いですね。また，季節や行事にちなんだものもありますので，いつも同じものではなく，みなさん自身がたくさんの手遊びや童歌を知っておくと良いと思います。導入で活用する場合は，主活動にどのように繋げるかをよく考えます。

　子どもたちの発達段階を理解し，速度を変えたり，声の大きさに変化を加えたりして工夫すると子どもたちはとても喜びます。動作はゆっくり，大きく行います。子どもたちが見て真似しやすいように，みなさんは左右逆にし，子どもたちの鏡になるように配慮しましょう。昔からあるものから最近人気のものまでありますので，必要に応じてアレンジしながら行うのも楽しいですね。

　全体を見渡しながらも一人ひとりと目を合わせ，表情を見て行いましょう。決して強制や無理強いはせずに，みなさん自身が表情豊かに楽しそうに行いましょう。そんなみなさんをみている子どもたちはきっと安心して楽しめることでしょう。

　手遊びや童歌によって，次の活動に意欲がもてるようにするという意図もありますが，実習では，まずはみなさん自身が好きな手遊びを楽しく行って欲しいと思います。

第5節　隙間時間の遊び

保育現場における隙間時間について

　保育現場では，子どもとかかわること以外に様々な業務があります。先生方は集団を動かしながらも一人ひとりに丁寧にかかわろうと常に忙しい状況です。そんな中，保育現場では活動の切り替わりや子どもたちの個人差によって，常にちょっとした時間ができます。毎日，園にはいろんな子どもが登園してきます。朝から機嫌がとても良い子ども，マイペースな子ども，友達とのトラブルを抱えている子ども，登園時に母親に叱られて不満を抱えながら一日過ごす子どももいます。先生方は毎日その時々で，子どもたちの様子を見ながら臨機応変に対応していますので，時間も活動内容も計画通りに厳密に保育をすすめられているわけではなく，一人ひとりの子どもの様子やクラス全体の雰囲気を見ながら保育をしているのです。集団生活をするうえで，一人ひとりの発達面，特性，その時々の気分などで子どもたち全員が同じ行動を同じ速さで同じようにできるわけではありません。一人ひとりの差によって生まれる時間，これがいわゆる**隙間時間**です。先生方は，クラスの状況や子どもたちの様子をみて，「今だ!! ここだ!!」と思ったタイミングで，実習生に絵本の読み聞かせや子どもへの個別対応を指示することがあります。実習生にとっては突然のことのように思えてしまいますが，いつでも対応できるように準備しておきましょう。

こんな時どうする？

> 排泄の時間，「おトイレに行っておいで」と先生がクラス全体に声をかけています。行動が早い子どもはすぐ排泄を終えて時間を持て余しています。マイペースな子どもはなかなかトイレに行きたがりません。すると突然，「○○先生（実習生），今読み聞かせお願いします!」「先におトイレ終わった子どもたち見てて!」と急にふられました。

　このような状況で，実習生が「えっ… 急に？事前に何も聞いてないんだけど」，「何をすればいいの，何も準備してない…」となってしまっては困ります。その時々で自分ができることを迅速に行い，臨機応変に対応しましょう。手遊びでも言葉遊びでもいいのです。物を使わない，準備がいらない遊びもたくさんあります。実習では，予想もしないことがたくさんおきますので事前に自分が実習している姿を想像しておきましょう。

手軽に取り入れることのできる遊びとして，言葉遊びの実践例を紹介します。手遊び・童歌については，巻末の手遊び・童歌リストをみて，気になったものはぜひ検索してみてください。

言葉遊びの実践例

　言葉遊びの歴史は古く，江戸時代に庶民の間に広まり，明治時代以降は子どもたちに人気の遊びとなったと言われています。この言葉遊びを通して，言葉の響きや音のリズムを楽しんだり，言葉の意味や語順の面白さを感じたり，コミュニケーションをとることができます。保育現場では，道具や場所を使わないので，保育現場の隙間時間にもってこいの遊びです。

1. 言葉集め

　言葉集めは，「○のつく言葉」「○色のもの」「反対言葉」などを子どもたちに問いかけながら一緒に探していく遊びです。子どもたちは自分の身の回りにあるものや，自分の経験を通して知っている知識の中から一色懸命考えて次々と言葉を挙げていくでしょう。

実践例（その1）

　　保育者　　：最初に「あ」のつくものを集めてみよう！
　　子どもたち：あめ，あめんぼう，あかい車…
　　　　　　　（アレンジを加えて）
　　保育者　　：最初じゃなくてどこに「あ」が入っていてもいいよ！
　　子どもたち：おかあさん，こあら，トライアングル…

実践例（その2）

　　保育者　　：赤いものって何があるだろう？
　　子どもたち：太陽，トマト，うさぎ，消防車，にんじん，…

　子どもたちは自分の中で想像している色があります。例えば，子どもたちに太陽を描いてもらうとほとんどの子どもが赤で描くことが多いです。でも実際の太陽は赤でしょうか。また，みなさんは赤いうさぎを見たことがありますか。このように子どもは一人ひとり想像力を膨らませていますので，一つのものに対して全員が同じ色を思い浮かべるわけではないのです。どんな答えがあっても保育者は「それ違うよ，間違っているよ」と絶対に否定してはいけません。まずは肯定して受け止めましょう。年齢が高くなれば自分で気づくこともありますし，必要であれば一緒に図鑑や本などで実際の色を確認しても楽しいでしょう。

> 実践例（その3）
>
> 保育者 ：「大きい」の反対は？「小さい」だよね。じゃあ，「太い」の反対は？
> 子どもたち： 細い，狭い，ちっちゃい…，このぐらい（手で表現）

　子どもが正確な数量表現をすることはまだまだ難しい時期ですので，例のように細いことを小さい，狭いなどと表現することもあります。保育者は「それ違うよ」と否定せずにまずは受け止め，その上で「この場合は細いって言うんだよ」と教えてあげましょう。また，イメージがしやすいように「大きいぞうさん」の反対は「小さいありさん」，「太いうどん」の反対は「細いそば」のように具体的なものを例に出すと子どもたちは理解しやすいでしょう。

2. しりとり

　はじめの言葉を決めて，その言葉の最後の文字に続く言葉を繋げてきます。最後が「ん」で終わる言葉を言った人が負けという遊びです。言葉がなかなか思いつかない子どもには先生がフォローしてあげましょう。年齢が高い場合は，動物限定にしたり，文字数を限定したりしてアレンジしながら遊んでも楽しめます。簡単すぎてしまう場合は2文字しりとりなど難易度を上げても楽しめそうですね。

> 実践例
>
> 【例1】「アメ」→「メダカ」→「カラス」→「スイカ」→「カキ」→「キリン」 ×
> 【例2】3文字限定などのルールを設けて，「コアラ」→「ラムネ」→「ネズミ」→ …
> 【例3】2文字をつなげるルールを設けて，「らいおん」→「おんせん」→「せんべい」→

3. 連想ゲーム

　お題を決めてそのものから連想していくゲームです。子どもたちは，自分の想像力を働かせ，創造的な思考を育むことができます。また，言葉を使って連想するため，語彙力や言語理解が遊びながら自然に向上するでしょう。

> 実践例
>
> 「りんご」→「りんごは丸い」→「丸いはおにぎり」→「おにぎりはおいしい」→
> 　「おいしいはお菓子」→「お菓子はチョコレート」→「チョコレートは黒い」→…

4.「私は誰かな」ゲーム

出題者はお題を決めます。他の人は解答者になって出題者に質問をします。出題者は質問に対して「はい」か「いいえ」（または適宜ヒントを加えながら）で答え，解答者がお題を当てるゲームです。

実践例

【お題】「パンダ」
解答者：「それは食べ物ですか？」
出題者：「いいえ」
解答者：「それは生き物ですか？」
出題者：「はい」
解答者：「それは小さいですか？」
出題者：「はい，（最初は…）」

5. 伝言ゲーム

最初に決められた言葉や文章を次の人に伝言していくゲームです。前の人から聞いた内容を他の人には聞こえないように耳元で囁く程度の声で次の人に伝えます。このゲームでは，前の人が言っていることをしっかりと聞かなければならないため，集中力や注意力を養うことができます。また，グループ活動で行われるため，コミュニケーション能力が育まれるだけではなく，社会性や友達との関係を良好に保つ力も養われます。集団で行う場合は，先生から順番に始めると楽しいですね。

6. ジェスチャーゲーム

決められたお題を言葉ではなく身体全体で表現して次の人に伝えるゲームです。他の人は自分の順番が来るまで顔を伏せたり，後ろを向いたりして静かに待ちます。このゲームは，見ている人や行っている人が思わず笑ってしまうような面白い動きが生み出されます。子どもたちが自分の自由な表現が理解され，受け入れられると感じることで自己肯定感が高まります。また，このような笑いや楽しい雰囲気が子どもたちの心を開き，リラックスした状態でグループ活動を楽しむことができます。隙間時間に行うときは，先生が代表で表現して子どもたちが正解を当てるというのも楽しいでしょうし，問題を出したい子どもたちが数人前に出てきて，他の子どもたちが正解を当てるというのも盛り上がりますね。

第6節　主活動（戸外・室内・製作）

　一日の保育の中で，ほとんどの園で「主活動」があります。主活動とは，一日の保育の中で，子どもたちが主体的に参加し，学びや成長を促進するための中心的な活動を指します。主活動は，子どもたちの興味や関心に基づいて行われ，遊びを通じて多様な経験を積むことができます。保育現場の主活動は，子どもたちの成長を促す多様な経験を提供する重要な要素といえます。保育者は，子どもたちが楽しみながら学べる環境を整えることで，子どもたちの情緒的，社会的，知的な発達を支援します。

　実習生にとっても，この主活動には意味があります。理論で学んだ内容を実際の保育現場で試すことで，子どもたちとのかかわりや保育・教育技術を現実の場面で磨くことができます。また，主活動を通じて，自分の能力を存分に発揮し，子どもたちの反応を見ながら自信を深めることができる機会となります。さらに，子どもたちの安全や成長に責任を持つことで，教育者としての意識や責任感が養われます。

　子どもたちにとっては，たくさんの実習生がそれぞれの視点や方法で活動を行うことによって様々な刺激を受け，遊びや学びの幅が広がります。また，実習生とのかかわりを通じて，異なる大人との信頼関係を築く機会を得ます。さらに，実習生が行う活動は，子どもたちが自分を表現する機会を増やし，自己肯定感を高める助けとなります。実習生との対話をしながら共同作業を通じて，子どもたちは他者との協力やコミュニケーションの大切さも学ぶことができるでしょう。実習生による主活動は，実習生自身の成長とともに，子どもたちにとっても多くの学びや経験の場となります。この相互作用により，保育現場はより豊かで意味のある学びの場となります。

1. 戸外遊び

　戸外遊びは，身体的発達を促し，運動機能や体力を向上させます。また，他の子どもとの遊びを通じて，身体を動かす楽しさを味わうだけではなく，社会性を育み，コミュニケーション能力を育みます。さらには，思い切り走ったり，自由な表現をしたりすることでリラックスやストレス発散にもなり，心身の健康を促進すると言えるでしょう。ただし，集団遊びをする際は，子どもたちは園庭に置かれてる遊具や動植物などに気をとられてしまう可能性があります。必ず，子どもたちと約束事をして，怪我や事故に繋がらないようにしましょう。

代表的な戸外遊び

　幼児の集団遊びはとしては，ボール遊び，鬼ごっこ，かくれんぼ，ごっこ遊びなどがあります。その他に，砂遊び，水遊び，自然探索など様々な遊びがあります。乳児は，散歩をして動植物を観察したり，落ち葉や小石，木の枝などを集めて触ったりすることで自然に親しむことができます。また，ブランコや滑り台などの遊具で遊ぶことも多いです。実習では，巻末にある遊びリストを参考にして実践してみてください。

留意することや約束事

- ルールの確認をする（年齢によって柔軟に対応する）
- 順番を守る
- 遊びの範囲を事前に決め，そこから出ないことを確認する
- 高いところや危険な場所には近づかない
- 友達を思いやり，トラブルの際は子どもたち同士で解決できるようにする

2. 室内遊び

　天候の悪い日や熱中症などの危険性がある日は室内遊びになるので，なんとなくネガティブなイメージがあるかもしれませんが，室内遊びにもたくさんの良いことがあります。屋外での大きな動きだけではなく，室内の微細な遊びもバランス良く取り入れることが大切です。屋外に比べると遊ぶスペースは限られますが，ホールなどの広い場所で行う際は，体を動かす運動遊びや集団遊びができます。保育室などで遊ぶ際は，落ち着いた環境の中でじっくりと友達や保育者とかかわりながら遊ぶことができます。

代表的な室内遊び

　幼児の集団遊びはとしては，新聞紙遊び，マット遊び，フラフープ遊び，宝探しゲームなどがあります。その他に，粘土遊びや絵の具遊び，リトミックなどがあります。乳児は，ちぎったり貼ったり，めくったりするような手先を使う遊びを通して発達を促します。

留意することや約束事

- 床が滑りやすくなっている場合は，上履きや靴下を脱ぐようにする
- 遊びのスペースが狭いと衝突する危険性が高まるので怪我に注意する
- 連日室内遊びが続くと子どもたちのストレスが蓄積するので全体をしっかり観察する
- 遊びを選べるようにする場合は，材料や道具を複数用意し，選択肢を増やす

3. 製作遊び

　製作遊びは，子どもたちの創造力や表現力を育む重要なアクティビティです。紙，布，粘土，リサイクル素材など，様々な素材を使って製作します。子どもたちの年齢や発達段階に応じて，簡単な製作から複雑なものまで，適切な難易度の活動を行いましょう。実習生は子どもたちの様子をよく観察してねらいと内容を決めます。例えば，「自由な発想で作品を作ることで，創造力や想像力を養う」，「手先の運動能力の発達を促し，器用さが向上する」，「自分の思いや感情を自由に表現する」，「友達と一緒に製作することで，協力する大切さやコミュニケーション能力を養う」，「完成した自分の製作物を見て，達成感や満足感を味わう」などのねらいを立てます。内容としては，こどもの日やクリスマス，お正月などの季節の行事に合わせた製作や，ペットボトルや牛乳パックなどの廃材を使った製作などがあります。

　ただし，製作遊びは，戸外遊びや室内遊びに比べ，事前準備や配慮することが多いので，細やかな部分にも気を配りましょう。製作遊びのポイントを以下にまとめました。

事前に確認・準備しておくこと

- ☐ 保育室の環境，水道やロッカーまでの動線はどのようになっているか
- ☐ 子どもたちは，普段どのような製作遊びをしているのか
- ☐ はさみやのりはどの程度使えるのか，どのくらいの頻度で使っているのか
- ☐ 園からお借りできるものがあるか，お道具箱には何が入っているのか
- ☐ 見本（完成品）を作る。当日，ホワイトボードに貼っておくのか，置ける場所はあるのか
- ☐ 子どもたちに配布する材料を一人ひとりまたはグループごとに分けておく
- ☐ テーブルが汚れないようにビニールクロスや新聞紙を敷き，床に新聞紙を敷く
- ☐ 手が汚れそうな活動の場合は，濡れタオルなどをテーブルに置いておく
- ☐ 子どもの人数の把握，配慮が必要な子どもがいるのか，子どもの座る位置にも注意する。特に，配慮が必要な子どもがいる場合，あえて自分の近くに座るようにするかどうかも確認する

材料配布や道具を取りに行くタイミング

- ☐ 材料は，活動の前にテーブルに置いておくのか，一人ひとりに配布するのか
- ☐ 活動の前に子どもたちがお道具箱を準備しておくのか，製作の途中で取りに行くのか，取りに行くときはグループごとにするのか
- ☐ 材料や道具の置き場所はテーブルの真ん中か，一人ひとりの前に置くのか

留意することや約束事

- [ ] はさみの持ち方や扱い方を明確に伝える
- [ ] 工程ごとに全体の様子を確認しながら進める
- [ ] のりのつけ方や一回につける量について実際に見せながら説明する
- [ ] 指示があるまで材料に触らない,勝手に進めない,道具を取りに行く順番を守る,友達の作品を否定しないなどの約束をする
- [ ] 色のついた画用紙や折り紙等の分け方や選び方については,種類が多いと子どもたちが混乱することがあるため,事前に先生にご相談する
- [ ] 男の子だから青や緑,女の子だからピンクなどと色を決めつけないようにする

名前記入

- [ ] 製作物に名前を書くのは基本です。一人ひとりに書いてあげるのか,事前に書いておくのか,テーブルを回って実習生が書くのか,できた子どもから持ってきてもらい書くのか等を確認する。またシール等にした場合,いつのタイミングで貼るのか等も考える

活動が終わった後

- [ ] 製作物を飾るのか,持ち帰るのか,持ち帰る際に袋など必要なものはあるか
- [ ] のりや絵の具などを使用した場合に乾かす場所はどうするのか
- [ ] グループごとにごみをまとめておくのか,一人ひとりがごみ箱にいれるのか,あらかじめゴミ箱をテーブルの真ん中に置いておくのか
- [ ] 使用した道具はいつのタイミングで片付けるのか,グループまたは一斉なのか
- [ ] 片付けや手洗いはグループごとか,終わった子どもから順次にするのか

その他に重要なこと①

- [ ] どの工程を子どもたちにやってもらうのか,実習生はどこまで下準備するのかを考えます
- [ ] 実習で使用する材料はすべて実習生であるみなさんが準備します。下準備が必要な場合は,あらかじめ子どもの人数分をみなさんが準備します
- [ ] 同じ製作物を作るとしても,年齢や人数,ねらいによって,難易度を調整しましょう
例えば,1,2歳児は「貼る」,「ちぎる」だけにして,5歳児は「はさみで細かく切る」等です

その他に重要なこと②

その製作物で何をするかについてもよく考えましょう

☐ 製作のみの場合：製作自体を楽しむ
「手先の発達を促す」、「友達とオリジナルの〇〇を作る」、「製作活動を通して季節や行事に親しむ」、「先生と言葉のやり取りを楽しむ」等のねらいを立てますので、製作自体が大切になります

☐ 製作から遊びにつなげる場合：自分の製作物で実際に遊ぶ
例えば、紙コップ飛行機を製作した場合、完成したらホールや園庭で飛ばして遊ぶことができます。もし、責任実習が2日間あった場合、1日目製作、2日目製作物で遊ぶというように、主活動を2回に分けて活動を繋げることもできます。ねらいを明確にした上で、担任の先生に確認しましょう

☐ 製作から作品にする場合：製作物を見て楽しむ
例えば、一人ひとりの作品として保育室に飾るのか、家に持ち帰って飾るのか、プレゼント用であれば装飾が必要なのかなどを確認しておきましょう

製作の様子

第5章　実習中

第1節　実習中に気を付けること

　原則，実習は一日も欠席しないものとして設定しています。社会人経験をするという意識も含んでいるからです。健康管理や感染症対策をしっかりと行い，万全の体調で臨むようにしましょう。実習はどんなに準備をしていても，緊張や不安はつきものです。少しでも体調に異変がある場合は1人で悩んで判断せず，以下の手順で必ず連絡してください。

遅刻の場合

　遅刻をしてしまうと分かった段階で実習園に電話で連絡をしましょう。その際，必ず遅刻の理由と到着予定時刻を伝えてください。あとは，実習園の指示に従って動いてください。遅刻によって実習期間が変更になった場合は，必ずその日のうち養成校の実習担当教員に連絡をしましょう。

早退の場合

　体調不良や何らかの理由で早退した場合は，実習担当教員に連絡をしてください。発熱や倦怠感，息苦しさがある場合は，速やかに医療機関を受診しましょう。その際，必ず実習中であることを医師に伝え，実習を継続してもいいのか等の指示を仰いでください。受診後，診断結果を実習園と養成校の実習担当教員に報告しましょう。

欠勤の場合

　朝，出勤予定時間よりも早い時間に実習園に電話をし，欠勤する旨とその理由を伝えましょう。必ず実習生本人が電話をしてください。無断欠勤は実習中止になってしまう可能性がありますので，十分に気を付けましょう。また，実習担当教員にも必ず連絡をしてください。発熱や倦怠感，息苦しさなどがある場合は，速やかに医療機関を受診し，必要であれば検査をしましょう。検査をして，感染症などに罹患しているとわかった場合は，実習中断，または延期となる可能性があります。実習園に検査結果を伝え，指示を仰ぎましょう。よく，寝ていれば治るという人がいますが，実習中ということもあり，一人だけの問題ではありませんので，必ず医療機関を受診してください。

その他，実習担当教員へ連絡する必要のある内容

　実習に関して何か生じたときに，自分ひとりだけで解決せずに，実習担当教員に連絡することが必要な場合もあります。「本来ならば実習担当教員へ報告した方がよい内容だったけど自己判断で報告しなかった」ということがないようにしましょう。実習は実習生一人で全部行っているのではなく，実習生，実習園，そして，養成校が連携してはじめて実施可能となります。十分に理解をしてください。

　ただし，連携しているとはいえ，実習中の指導は基本は実習園に任せていますので，「園の先生からこのように指導されました。先生はどう思いますか？」，「主活動を相談したら一から考え直すように言われたのですが，どうしたらいいですか？」などの連絡には答えられない場合があります。今，ご指導いただいているのは実習園の先生ですので，まずは実習園の先生のご指導に従いましょう。

　それでは，どのような内容が生じた場合に報告が必要でしょうか。一概には言えないですが，一般に，次のようなことが生じた場合は実習担当教員に報告しましょう。

POINT　担当教員へ連絡する必要のある場合

- 欠勤・遅刻・早退の連絡，及び，それらに伴う実習延長についての連絡
- 予定の実習期間に変更が生じた場合
- 実習に必要な日数，時間に不足があった場合
- 実習に必要な書類の不備や不足に関する申し出
- 実習日誌の未提出が生じた場合
- 怪我，感染症，事故などの問題が生じた場合
- 実習園で厳重注意を受けるような事態を引き起こしてしまった場合
- 子どもに怪我をさせたり，事故などを起こしたりした場合
- 実習園の物品等を壊してしまった場合

第2節　実習の一日の流れ

幼稚園実習の一日（4歳児クラス）

　幼稚園実習では、子どもたちの降園時間が早いため、降園後は先生方とかかわる時間がとても長いです。子どもとかかわること以外の先生方の仕事内容をよく観察しましょう。また、先生と1日の振り返りがじっくりとできるのは幼稚園実習の特徴です。実習園によって1日の流れは異なりますが、一例を挙げて説明します。

時刻	子どもの動き	保育者・実習生の動き
8:00	順次登園, 自由遊び（合同保育）	出勤, 身支度を整える, 出勤簿に押印する, 日誌の提出 子どもたちを笑顔で迎える, 体調確認, 保護者対応 連絡帳の確認, バス添乗
9:30	自由遊び（合同保育）	子どもと一緒に遊ぶ, 怪我のないように全体を見守る 排泄補助, 身支度補助
9:45	朝の会	歌の伴奏, 絵本の読み聞かせ
10:15	自由遊び（一斉保育）	子どもと一緒に遊ぶ, 怪我のないように全体を見守る （一斉活動の場合は, 集団遊びや製作活動等になるのでその都度, 子どもの様子を見て臨機応変に対応する）
11:30	給食	机や椅子の準備, 消毒, 配膳, 食事補助
12:30	片付け, 歯磨き	机の片付け, 消毒, 清掃
12:45	自由遊び	子どもと一緒に遊ぶ, 怪我のないように全体を見守る
13:30	順次降園	荷物の確認, 保護者対応, 笑顔で見送る, バス添乗
14:00	自由遊び（合同保育）	子どもと一緒に遊ぶ, 怪我のないように全体を見守る
15:00	預かり保育	振り返り, 掃除, 絵本の修理, 玩具の消毒, 製作物の手伝い
17:00		退勤

保育所実習の一日（2歳児クラス）

　保育所実習では，子どもたちの滞在時間が長いため，みなさんの出勤時も退勤時も子どもたちがいる状況です。その中での振り返りは，先生方の隙間時間に行うようになりますので簡潔に質問ができる様にしておきましょう。早番や遅番も経験させていただき，保育所の社会的な役割についても学びましょう。実習園によって1日の流れは異なりますが，一例を挙げて説明します。

時刻	子どもの動き	保育者・実習生の動き
7:00	順次登園，自由遊び（合同保育）	子どもたちを笑顔で迎える，体調確認，保護者対応 連絡帳の確認，着脱や排泄補助
8:30	自由遊び	出勤，身支度を整える，出勤簿に押印する 日誌の提出 子どもと一緒に遊ぶ，怪我のないように全体を見守る
8:45	朝の会	歌の伴奏，絵本の読み聞かせ
9:10	おやつ	机や椅子の準備，消毒，配膳，着替え，片付け
10:00	自由遊び（一斉保育）	子どもと一緒に遊ぶ，怪我のないように全体を見守る （一斉活動の場合は，集団遊びや製作活動等になるのでその都度，子どもの様子を見て臨機応変に対応する）
11:30	給食	机や椅子の準備，消毒，配膳，片付け
12:30	午睡	布団敷き，添い寝，連絡帳記入，掃除，玩具の消毒 製作物の手伝い
14:45	目覚め	着替え補助，おむつ交換，排泄補助
15:00	おやつ	机や椅子の準備，消毒，配膳，着替え，片付け
15:40	自由遊び	子どもと一緒に遊ぶ，怪我のないように全体を見守る
16:30	順次降園	荷物の確認，保護者対応
17:00	自由保育（合同保育）	振り返り
17:30	自由保育（合同保育）	退勤

第3節　実習初日の自己紹介

　実習初日または新しいクラスに配属された際に重要となるのが自己紹介です。特に、子どもたちと信頼関係を築いていくためには、自己紹介を通してコミュニケーションを取ることが大切です。しかし、自己紹介って意外と難しいのです。どうすれば先生方や子どもたちにうまく自分のことを伝えられるのかを考えます。

1. 自己紹介の基本マナーと注意点

　実習生の印象は、第一印象や自己紹介でほぼ決まるといってもいいくらい、第一印象と自己紹介は大切です。清潔感があって明るく元気に意欲を見せることが重要ですが、最初にそのポイントをまとめます。

POINT　自己紹介の基本マナーと注意点

- 身だしなみに配慮する（清潔感を出す）
- 明るい笑顔で自己紹介する（明るく）
- 元気にハキハキと簡潔に話す（元気に）
- 意欲・特技・経験を伝える（やる気をみせる）

身だしなみに配慮する（清潔感を出す）

　第一印象は大切です。その第一印象は初対面のわずか数秒間でほぼ決まります。自己紹介の前には身だしなみをチェックしましょう。一つでもあてはまれば直しましょう。

- ☐ 寝ぐせなどで髪がボサボサになっていないか
- ☐ 爪が伸びていないか
- ☐ 洋服にシワや汚れはないか
- ☐ 露出度の高い服装になっていないか
- ☐ メイクが濃すぎないか
- ☐ 猫背になっていないか（やる気がなさそうに見えてしまう）
- ☐ ピアスなどのアクセサリーなどはつけていないか

明るい笑顔で自己紹介する（明るく）

　明るく笑顔で自己紹介してください。自己紹介は最初に行うものなのでとても緊張します。自分では普通の顔をしているつもりでも，周りから見ると顔がこわばって見えますので，少しオーバーかなと思うくらいの笑顔を作ってください。最初は作り笑顔でも，子どもたちと接していくうちに自然の笑顔になればいいのではないでしょうか。笑顔で自己紹介すると…
　　　子ども　：「この先生，優しそう，いっぱい遊んでくれそう‼」
　　　保育者　：「この実習生なら，子どもと楽しく接してくれそう」
と思ってもらいやすいです。そのために鏡を見ながら笑顔を作る練習をして，自然な笑顔になれるようにしておきましょう。

元気にハキハキと簡潔に話す（元気に）

　大きく元気な声でハキハキと自己紹介することも大切です。元気に話すと，園の先生方からも意欲的に見られ，「この実習生なら安心して任せられそう」という信頼関係が築きやすくなります。逆に次のような話し方は避けましょう。
　　　ダメな例）：「〇〇で〜，××で〜」のように，ダラダラ長く話す
　　　ダメな例）：「マジで，やばくて，超〜〜」のように，友達と話すような言葉遣いをする
　また，いくら元気でも，アルバイトではないので，先生方に会うたびに「お疲れ様です！」と挨拶するのは避けましょう。
　次のチェック項目を意識しながら，元気にハキハキと簡潔に話す練習をしましょう。

　　□　大きく元気な声で話す
　　□　鏡を見ながら口を大きくあけて話す練習をする
　　□　簡潔に話す（短い文章をつなぐ）
　　□　語尾を言い切る
　　□　言葉遣いを丁寧にする

意欲・特技・経験を伝える（やる気をみせる）

　自己紹介では，自分をより理解してもらうために，意欲や特技の経験を伝えて自己アピールすることも大切です。例えば，「先生は体を動かすことが好きなので，みんなとたくさん鬼ごっこをしたいです」，「先生はお絵かきが好きなので，みんなとたくさんの絵を描きたいです」などと伝えます。

2. 子ども向けの自己紹介

　子どもは大人と異なり，こちらが何もしなくても静かに耳を傾けてくれるわけではありません。子ども向けの自己紹介の5つのポイントと，自己紹介文の例をよんでみて，子どもたちを惹きつけられるような自分自身の自己紹介文を作ってみるとよいでしょう。

POINT　子ども向け自己紹介のポイント

- 子ども向けの自己紹介では子どもたちの興味を引きつけることが大切
- 身振り手振りのリアクションを大きくする
- エプロンシアターや手遊びなどを使い，こちらに意識を向かせてから自己紹介を始める
- 自己紹介では，子どもたちがしっかりと内容を理解できるようにわかりやすい言葉を選ぶことが大切
- 笑顔で大きな声でゆっくり子どもたち一人ひとりの目を見ながら話す

子ども向け自己紹介文の例

　今日から〇〇組のみんなと過ごすことになりました，〇〇 〇〇（名前）です。みなさん，〇〇先生って呼んでください！
　先生の好きな食べ物はりんごです。みんなはどんな食べ物が好きかな？それから，先生は，ピアノを弾くこと，外で元気に遊ぶことが大好きです。みんなと一緒に楽しく歌を歌ったり，たくさん体を動かしたりして，楽しく遊びたいと思っています。
　早くみんなのお名前を覚えて仲良くなりたいと思っているので，みんなのお名前を教えてくれると嬉しいです。
　今日から〇日間，よろしくお願いします！

子どもたちに自己紹介する際の必須アイテム

　子どもたちに自己紹介する場合，実習生は緊張していると思いますが，そんな実習生と子どもたちの距離を一気に縮めてくれる必須アイテムを紹介します。

手遊び

「はじまるよ」「ひげじいさん」「あたま・かた・ひざ・ポン」など,昔からある手遊びもありますが,最近子どもたちに流行っている手遊びもたくさんあるので,年齢や人数にあったものを探してみましょう。同じ手遊びでも速さを変えたり,声の大きさを変えたりしながらアレンジを加えてみるのも楽しいです。

ペープサート

紙と割りばしやストローで作るペープサートは,自分を登場させて,名前や得意なこと,好きな食べ物などを楽しくアピールします。また,手遊びに合わせて歌ったり踊ったりして子どもたちをひきつけます。

クイズ

4～5歳児のクラスでは,「先生の好きな食べ物はなんでしょう？」,「先生の好きな色はなんでしょう？」など,クイズ形式にしながら自己紹介するのもおすすめです。自然と子どもたちの興味をひきつけることができますし,楽しみながら話を聞いてくれるでしょう。

スケッチブックシアター

スケッチブックに,自分の似顔絵や好きな食べ物,得意なことを絵にかいて,子どもたちに見せながら自己紹介をします。切り込みを入れたり,ひもや磁石を使ったりしてしかけをたくさん作ると子どもたちはとても喜んでくれます。言葉だけよりも視覚的に伝わりやすく,印象にも残りやすくなります。

エプロンシアター

エプロンを舞台に見立てて,ポケットから人形を取り出したり,エプロンに貼りつけたりしながら演じていくエプロンシアターは,見ごたえ抜群です。準備は大変ですが,エプロンシアターで自己紹介すれば子どもたちみんなが参加して楽しんで聞いてくれるでしょう。

手袋シアター

保育者が手を入れて演じることで,物語やキャラクターを表現します。色とりどりの人形やキャラクターが描かれた手袋は,子どもたちの視覚に訴えかけ,興味を引きます。また,手袋シアターは手遊びを行う際にとても効果的です。子どもたちと対話をしたり,一緒に歌ったりしながらコミュニケーション能力を育みます。手や指を使って動かすため,子どもたちの細かい運動能力を養うことにもつながります。

「～シアター」は,ここで紹介した内容の他にも,「紙皿シアター」,「パネルシアター」,「折り紙シアター」,「暗闇シアター」,「マジックシアター」,「スプーンシアター」,「紙コップシアター」などいろいろとあるので,検索して調べてみて,自己紹介のときに使えるアイテムを増やしておくのもいいですね。

3. スケッチブックシアターでの自己紹介

　紹介した必須アイテムのうち，スケッチブックシアターを取り上げて紹介します。ここでは，1枚目は「表紙」，2枚目は「名前などの基本情報」，3枚目と4枚目は「好きな〇〇」，5枚目は「得意な〇〇」，6枚目は「最後の締め」で構成されています。

【1枚目】表紙

【2枚目】名前など基本情報

【3枚目】好きな〇〇

【4枚目】好きな〇〇

【5枚目】得意な〇〇

【6枚目】最後の締め

第4節　実習日誌（時系列/エピソード記述）

実習日誌を書く意義

　実習が「学びの場」である以上，実習日誌の記入と提出は実習生の義務となります。実習で体験したことや学んだことを全て記憶に留めておくことは不可能ですので，それを再び整理する作業によって初めてその日一日の実習を振り返りながら反省することができます。丁寧に頭の中を整理する方法の一つが「記録」です。記録することによって，客観的に日々の実習を振り返ることができ，実習中に起こったことを考察することができます。その時は分からなかったけど，自分の言動を振り返ってみることで，新たな自己課題を明確にすることもできます。日誌を書くことによって，先生方の子どもへの働きかけや，子どもの言動を理解できることもあるでしょう。実習日誌は，実習生として学んだ貴重な記録がぎっしり詰まっています。保育者を目指すみなさんにとって，自分だけの保育の手引きとなり，貴重な財産となるはずです。また，実習日誌を丁寧に書くことは，子どもや保育者，保護者を丁寧に見ることにつながります。それは，結果として保育の質の向上につながっていくでしょう。ただし，実習日誌は，養成校によって書式が違いますし，実習園や配属されたクラスの先生によって考え方や書き方，表現方法に違いがありますので，指導も異なります。ここで説明するのは，一般的な日誌の書き方ですので，みなさんは養成校や実習園の指導に従って書きましょう。

実習に必要な自己目標とは

　実習を行うにあたり，必ず目標を立てます。まずは，実習全体の目標です。前述したようにこの実習を通して何を学びたいのかを考えましょう。目標を立てることによって，ただ時間だけが過ぎていくだけの実習ではなくなります。

　次に，日々の目標も立てましょう。1日で達成できる，または達成できそうな具体的な目標にすることがポイントです。場面や対象の子どもをある程度限定すると立てやすいと思います。また，実習中は複数のクラスに配属されることがありますが，クラスが変われば対象年齢や保育者も変わりますので，場合によっては前日と同じ目標にしても構いません。部分実習や責任実習がある場合は自分の実践を通して学びたいことを考えてみるのも良いと思います。実習日誌には，毎日の振り返りがありますので，自分で立てた目標に対しての反省と考察を書くようにしましょう。

文例　観察・参加・部分実習の場合

・子どもの顔と名前を覚える
・〇歳児の生活の流れをよく観察する
・子ども一人ひとりと笑顔で会話することを楽しむ
・遊びを通して〇歳児とかかわり，発達段階を観察する
・〇歳児の発達の特徴を知り，適した援助方法を知る
・子どもの個性を認め，一人ひとりの良さを知る
・保育者の意図や配慮に着目して環境構成を観察する
・自由遊びの場面を通して，友達同士の言葉のやり取りを観察する
・子どもがどのような遊びに興味・関心をもっているか観察する
・登園児の子どもに応じた適切な言葉かけや保護者対応を観察する
・子どもの目線を意識しながら，手遊びや絵本の読み聞かせを実践する
・子ども同士のいざこざの際の保育者のかかわり方を観察する
・雨の日の保育活動を通して，その工夫や留意事項を観察する
・保育者の絵本の読み聞かせの工夫についてよく観察する
・子どもたちの表情を見渡しながら手遊びを一緒に楽しむ

文例　部分実習・責任実習の場合

・保育者同士の連携の様子を中心に観察し，考察する
・安全な環境を意識しながら環境設定の工夫や配慮について観察する
・保育の流れを大切にしながら絵本の読み聞かせを実践する
・子どもたちの歌声に耳を傾け，全体を見ながらピアノの弾き歌いをする
・一人ひとりの気持ちを受け止め共感しながら丁寧にかかわる
・異年齢合同保育（縦割り保育）での遊びの内容や遊び方を観察する
・保育者の集団に対するかかわり方を観察する
・手遊びや絵本の読み聞かせを通して安全な環境構成を学ぶ
・〇〇場面での保育者の子どもへの働きかけや援助方法を観察する
・いざこざの場面を通して保育者の子どもへの働きかけについて学ぶ
・登降園時の保護者対応（かかわり方や言葉かけ）をよく観察する
・子どもたちの遊びの様子を観察し，より遊びが発展しやすい環境構成を学ぶ
・配慮が必要な子どもへのかかわり方を観察する
・責任実習を通して集団と個に対する援助方法の違いを理解する
・集団遊びを通して決まりやルールの大切さを伝える

日誌の書き方〜時系列編〜

「**時系列**」とは，登園から降園までの一日の流れを通して，子どもの活動や保育者の働きかけなど，時系列で整理していく記録です。場面が変わるごとに時刻と環境構成図を記入し，子どもの姿，保育者の援助，実習生の動きが対応するように揃えて書きます。その手順をまとめます。

POINT　日誌の書き方〜時系列編〜

(1)「実習日および天候」を書く
(2)「配属クラス・人数」を書く
(3)「保育のねらい・主な活動」を書く
(4)「実習生の目標」を書く
(5)「時間・環境構成図」を書く
(6)「子どもの活動」を書く
(7)「保育者の援助・配慮」を書く
(8)「実習生の動き・気づき」を書く
(9)「今日1日を振りかえって（学んだこと・反省・考察）」を書く

(1)「実習日および天候」を書く

実習日や天候は正確に書くことが大切です。特に，天候を書く場合，天候の種類（晴れ・曇り・雨・雷など）は漢字で書くようにしましょう。「はれ」「くもり」ではなく，「晴れ」「曇り」と書きます。

(2)「配属クラス・人数」を書く

クラスの合計人数だけではなく，男児○名・女児○名と書くとよいでしょう。遅刻してくる子どもや早退する子どもがいるので，常にクラスの人数を把握しておくことが大切です。例えば，園外に散歩に行ったとします。園に戻った時に人数を確認したところで，もともといた人数が分からなければ，誰がいて，誰がいないのかが分からなくなります。例え実習生の立場であっても，子どもの命を預かっていることにはかわりありません。自分の目の前にいる子どもの人数を把握することは，事故や事件，そして，子ども一人ひとりの命を守ることに繋がります。また，人数によっても保育者の援助や必要な配慮がかわります。

(3)「保育のねらい・主な活動」を書く

一日の活動が始まる前(当日の朝または前日)に担任の先生に聞きましょう。実習園や担任の先生がどのようなねらいをもって,どのような活動を行うのかを知っておくことで,保育者の子どもへ働きかけの意図や配慮が読み取りやすくなります。実習生にとっては,観察したい部分が焦点化され,気づきがより多くなるでしょう。

(4)「実習生の目標」を書く

その日,特に学びたい事や知りたい事,観察したい事などを具体的に書きます。抽象的な課題ではなく,自分がその日一日で達成できる,または達成できそうな課題を書くのがポイントです。例えば,「幼稚園(こども園)の一日の流れを観察する」,「給食場面における保育者の子どもへの言葉かけを観察する」などです。

(5)「時間・環境構成図」を書く

場面が変わるごとに時間と環境構成図を書きます。定規を使って図全体を四角で囲み,保育室の出入り口やトイレなどの位置だけではなく,どこにどのような玩具がおかれているのか,目印などを書くとよいでしょう。また,子どもと保育者,実習生の位置,人数を◎や○などの記号を使って書くとわかりやすいですね。環境構成図をしっかり描くことで,安全な保育環境について振り返るとともに,子どもたちの動きを見て導線や玩具の位置なども工夫できるでしょう。

(6)「子どもの活動」を書く

子どもたちがどのような声色や表情で,誰に対してそのような言動をしたのか,保育者の働きかけによって子どもの表情や言動がどのように変化したのかなどを具体的に書いておくといいでしょう。また,遊びや玩具の名称,絵本のタイトルなども具体的に書きましょう。子どもの発言は「　」で表記してもかまいませんが,「　」ばかりにならないように注意が必要です。さらに,実習生の目標に対する子どもの様子を書くことも忘れないようにしましょう。自分で読み返したとき,その時の情景が思い浮かぶように具体的に書くことを意識して書きましょう。どのような活動をしたのか,友達関係はどうであったか,遊びや活動への取り組みの様子はどうだったのか,子どもの表情や仕草からとらえた心の動きはどうだったかなども大切です。子どもの表記については,実習園に事前に確認しておきましょう。

ここでは,「子どもの姿」と「活動」を分けて表記することがポイントです。活動については記号を使って区切ると分かりやすいでしょう。

(7)「保育者の援助・配慮」を書く

　　保育者が, 子どもに対してどのような働きかけ(視線, 言葉かけ, 見守り, 何気ないかかわり)をしたのかを書きましょう。いつ, どのような場面で, どのような援助をしていたのかを具体的に書きます。保育者の言葉かけは「　」で正確に書き, 環境構成や導入をどのように工夫したのかを具体的に書くとよいでしょう。

(8)「実習生の動き・気づき」を書く

　　実習生であるみなさんの言動を客観的に捉え, 子どもの要求や感情を受容しながらかかわることができたかを確認しましょう。また, 保育者からの指導により, 自分がどのように行動, 発言したのかを書きましょう。

　　ここでは,「実習生の動き」を現在形,「気づき」を過去形で表記し, 記号を使って分けて書くことがポイントです。気付きは, 保育者の働きかけや意図, 環境構成による遊びの展開, 子どもたちの発達段階について, 気づいたことや学んだことを書きましょう。

(9)「今日1日を振り返って(学んだこと・反省・考察)」を書く

　　自己目標を踏まえ, その日特に印象に残ったエピソードを挙げ, その時の子どもの行為の「意味」や保育者のかかわりの「意図」を考察しましょう。一日を通して学んだことや感じたこと, 翌日の課題につながるような反省をしながら, 次の日の課題を具体的に書き, 実習に対する意欲を伝えるとよいでしょう。また, 実習中あるいは実習後に尋ねられなかった疑問や質問点がある場合は忘れずに書き留めておくとよいでしょう。

実習日誌の提出方法

　　実習日誌はその日の反省, 考察まで記入したもの(1枚ずつ)を, 翌朝出勤した際に担当の先生に提出します。日誌が未提出の場合, 例え1日実習をこなしたとしても実習を行ったことにはなりません。翌朝一番に前日の日誌を提出した時点で1日(前日の)実習が終わったとイメージしてください。提出の際は, 必ず学校名と名前を記載した新しいクリアファイルに入れ, 相手に渡すときの向きに気をつけて「昨日の日誌です, ご指導いただきますようよろしくお願いいたします」と言って渡しましょう。ご担当の先生が不在の場合は付箋でメモを残し, 他の先生にお願いします。一般的に,「先生がいなかったから提出できなかった…」というのは理由にならずに未提出となります。また,「先生の机に勝手に置いっちゃった…」というのは紛失の原因になりますので絶対にやめましょう。

日誌(時系列)

教 育 実 習 日 誌　　　　（ 5 日目）

1月19日(金)　天候(曇り)	ぞう　組 3歳児	在籍者数	欠席者数
		男児　12 名	0 名
		女児　8 名	1 名
		計　20 名	1 名

保育のねらい
絵本を通してインフルエンザなどの感染症の予防と対策について学ぶ

実習生の目標
園での感染症対策について具体的な対策や援助方法を知る

主な活動(内容)
絵本の読み聞かせ
『細菌をやっつけろ！』

時間	環境構成	子どもの活動	保育者の援助・配慮	実習生の動き・気づき(●)
9:00	ぞう組　○……子ども　●……保育者　◎……実習生	○順次登園 ・「おはようございます」と元気に挨拶をする ・コップとタオルを決まった場所に出す ・身支度が終わった子どもからブロックや積み木などの好きな遊びをする ・自分で遊んでいた玩具を片付ける ・保育者の前に集まり座る	・子ども一人ひとりと視線を合わせ挨拶をする ・保護者から聞いた子どもの体調や休日の様子などを保育者同士で共有する ・全員登園しているかを確認する ・子ども達に絵本の読み聞かせをすることを伝える ・保育者の前に集まって座るように声をかける ・全員が座ったことを確認する ・全体を見渡し、子どもたち一人ひとりの顔が見えるか確認する	・子ども一人ひとりに対して「おはようございます」と笑顔で挨拶をする ●子ども達は登園後に自分でやらなくてはならないことを理解し、行動していた ●並列遊びをしている子どもが多くみられた ・子ども達に絵本の読み聞かせが始まることを伝え、一緒に玩具を片付ける ・全員が座ったことを確認し、子ども達と一緒に座る
9:30	ぞう組	○絵本の読み聞かせ 『細菌をやっつけろ！』 ・保育者の持っている絵本に興味を示す ・読み聞かせが始まるのを静かに待つ ・「これ知ってる」と大きな声で話す子どもがいる ○排泄・水分補給 ・グループごとにトイレに行く ・座って麦茶を飲む ・きりん組に移動する	・「かっこいいお友達は誰かな」と全体に向けて声をかけ、笑顔で視線を送る ・全体を見渡し、子ども達全員が絵本が見えるかどうかを確認する ・子ども達の表情を見ながら絵本を読む ・グループごとにトイレに行くように声をかける ・座って水分をとるように声をかける	●子どもたちが自主的に姿勢を正すような言葉かけをしていた ・子ども達に笑顔で視線を送ることで子ども達の楽しみにしている気持ちを受け止めていた ●絵本の感想を聞かないことで子ども達一人ひとりの想像力を壊さないようにしていた ・一人ひとりのコップに麦茶を注ぐ ●移動した後は、必ず人数確認をしてクラスの人数を常に把握していた
10:00	きりん組	○朝の会(きりん組) ・ラジオ体操をする ・「おはよう」と「お正月」の歌を元気よく歌う ・保育者の声かけに対し笑顔になる子どもがいる ・ぞう組に移動する ○排泄 ・トイレに行くことを嫌がる子どもがいる	・朝の会が始まることを伝え、子ども達と一緒にきりん組に移動する ・前に出てお手本になるようにラジオ体操をする ・正確な歌詞と音程で表情豊かに歌う ・子どもと目を合わせながら「綺麗な声だね」と声をかける	・全員移動したことを確認し、ぞう組の机と椅子を準備する ●子ども達から見て鏡の動きになることで分かりやすくしていた ●トイレに行くのを嫌がる子どもに声をかけ手を繋ぐと安心してトイレに向かった
10:30	園庭	○自由遊び ・帽子を被って並ぶ ・準備ができたら園庭に出る ・保育者の話を聞く ・凧あげをして転倒し、膝を擦りむき泣く子どもがいる	・ぞう組に移動し、グループごとにトイレに行くように声をかける ・園庭に出て遊ぶことを伝え、帽子を被って整列するように声をかける ・凧あげをする際の約束事	・帽子を被った子どもから一列に並ぶように声をかける ・転倒した子どもを連れて保育者に怪我の報告をする

時刻	クラス	子どもの活動	保育者の援助	実習生の動き・気づき
11:10		・保育者の言葉に頷き、手当ての様子を静かに見る ・保育者の話を真剣に聞く ○片付け、排泄 ・使っていた玩具を片付け保育室に戻る ・トイレに行く ・手の洗い方とうがいの仕方を保育者と一緒に確認する ○歌「手を洗いましょう」 ・友達と一緒に元気に歌う ○給食の準備 ・鞄からコップとお箸セットを取り自分の席に座る	を確認する ・転倒した子どもに「大丈夫だよ」と声をかける ・子どもを医務室へ連れて行き、救急箱から消毒液と絆創膏で手当てをする ・片付けをし、保育室に戻るように声をかける ・トイレに行くように声をかける ・風邪や病気の予防のため、手洗い、うがいの大切さを伝える ・子どもたちと歌を歌う ・給食の準備をするように声をかけ、全員が準備できたかどうかを確認する	・保育者の具体的な処置の仕方を見て学ぶ ●子どもに「大丈夫だよ」と言葉をかけることで子どもは安心して手当てを受けていた ・全部の玩具が片付いているか全体を見渡す ・全員が保育室に戻ったか確認する ・机をグループごとに並べ、消毒をする ・子どもたちの表情を見ながら笑顔でピアノを弾く ・机をグループごとに並べ、消毒をする
11:30	ぞう組 ○……子ども ●……保育者 ◎……実習生	○給食 ・アレルギーのある子どもに除去食を配膳する ・一人ひとりに配膳する ・友達と楽しそうに食べる ・嫌いなものを残す子どもがいる ・食べ終わった子どもから片付けする	・配膳の準備をする ・除去食を声に出して他の保育者と確認する ・「今日は鮭だよ、おいしそうだね」と言いながら一人ひとりに配膳する ・「一口食べてみる？」と声をかける ・お皿を片付ける ・食べ終わった子どもに自由に遊ぶように伝える	●除去食は一人でなく他の保育者と声に出し確認することで間違いのないようにしていた ●献立を言葉にすることで子どもの食べる意欲を引き出していた ●無理強いしないことで食べることを嫌なことにしないように配慮していた
12:30		○自由遊び ・役割を決めながらごっこ遊びをする ・積み木を積み上げたり、倒したりする子どもがいる	・怪我のないよう全体を見守る ・降園準備をするよう声をかける	・食器を片付ける ・全体を見渡しながら掃除をする
13:10	ぞう組	○降園準備 ・お便りを受け取り、鞄に入れる ○歌「おかえりのうた」 ・元気に歌を歌う	・外遊びに適した服装をお願いするためのお便りを配る ・忘れ物がないかロッカーを確認する	・身支度の援助をする ・お便りを鞄に入れるよう声をかける ・ピアノの伴奏をする
13:30		○順次降園 ・実習生と握手をして降園する	・保護者に今日の活動を報告し、子どもたちを見送る	・一人ひとりに「さようなら」と握手をして見送る ●その日の出来事を詳細に保護者に伝えることで信頼関係が築けているのだと感じた

今日一日を振り返って（学んだこと・反省・考察）
※ 今日一日学んだことや自分で立てた目標に対して振り返りをします。

ご指導・ご助言
指導担当者　　　　　　印

日誌の書き方～時系列/エピソード記述編～

「時系列/エピソード記述」とは，左側は時系列，右側はエピソード記述でまとめたものです。その手順をまとめます。

POINT 日誌の書き方～時系列/エピソード記述編～

(1) 1日の流れを簡潔に時系列にまとめる
(2) 特に印象に残ったエピソードを取り出す
(3)「エピソード」を書く
(4)「考察」を書く
(5)「タイトル」をつける

(1) 1日の流れを簡潔に時系列にまとめる
　　左側には，1日の流れを簡潔にまとめます。場面が変わるごとに時刻と環境構成図を記入し，子どもの姿，保育者の援助，実習生の動きが対応するように揃えて書きます。

(2) 特に印象に残ったエピソードを取り出す
　　1日を振り返り，子どもとのかかわりの中で，みなさんの心が揺さぶられた体験や特に印象に残った出来事をエピソードとして取り出します。

(3)「エピソード」を書く
　　右側には，エピソードを綴ります。書き手の主観を含むものであり，いわゆる客観的な記述ではありません。子どもの声色や表情を含めた様子はもちろん，保育者や自分自身の言葉かけや働きかけなどを，その場にいない人が読んでもその時の情景が鮮明に浮かぶように書きましょう。取り上げる子どもとの出来事は，ある短い時間の中で展開したものでよいでしょう。朝の登園時，給食時，自由遊びなど，各場面の中の子どもとのやり取りを思い返してみてください。「子どもと一緒に楽しめた出来事」，「喧嘩の仲裁で対応の難しさを感じたこと」，「子ども同士のやり取りの中で学んだこと」などを書きましょう。大切なのは，その時の子どもの言動や表情，保育者や自分とのやりとりなどの事実を具体的に書くことです。また，5W1H（誰が，いつ，どこで，何を，なぜ，どのように）を意識して書きましょう。

(4)「考察」を書く
　　抜き出したエピソードを通してみなさん自身で考えたことや学んだことを書きましょう。最後に，なぜその場面を取り上げたかったのか，みなさんの思いを伝えてください。

(5)「タイトル」をつける
　　エピソードを書いた後，エピソードを分かりやすく一言で表し，タイトルをつけましょう。

日誌（時系列/エピソード記述編）

教 育 実 習 日 誌　　　　（ 3 日目）

1月 22 日 （ 水 ） 天候 （ 晴れ ）	さくら　組 5 歳児		在籍者数	欠席者数
		男児	10 名	1 名
		女児	9 名	0 名
		計	19 名	1 名

保育のねらい
※ 活動が始まる前（当日または前日）に担任の先生に直接伺い実習生が記入する

主な活動(内容)
※ 活動が始まる前（当日または前日）に担任の先生に直接伺い実習生が記入する

実習生の目標
※ 実習生が毎日記入する（前日のうちに目標を立てておく）

時間	環境構成	子どもの活動	保育者の援助・配慮	実習生の動き・気づき（●）
8:55	さくら組　○……子ども　●……保育者　●……実習生	○順次登園・合同保育 ・「おはようございます」と元気に挨拶をする ・コップとタオルを出し身支度を済ませる ・保育者の前に集まり座る ・手あそび「はじまるよ」 ・保育者と一緒に歌う ・おやま座りをする ・絵本の読み聞かせ「11 ぴきのねこ」 ・保育者の持っている絵本に興味を示す ・真剣な表情で絵本を見る ・ホールに移動する	・子ども達一人ひとりと視線を合わせ挨拶をする ・保護者から聞いた子どもの体調や休日の様子などを保育者同士で共有する ・全員が座ったことを確認する ・身振りを大きくしながら手遊びをする ・「おやま座りが上手なのは誰かな」と全体に向けて声をかける ・全体を見渡し、子どもたち全員が絵本が見えるかどうか確認する ・読み聞かせをする ・クラスごとにホールに移動するように声をかける	・一人ひとりに対して「おはようございます」と笑顔で挨拶をする ●保育者同士の連携により子どもを園全体で見守っていた ・子どもたちの身支度の様子を見守る ・注意するのではなく子どもたちが自主的に姿勢を正すことができるよう全体に向けて問いかけていた ●読み聞かせの途中で止めたり注意をしたりしないことで子どもたちの集中力や想像力を壊さないようにしていた ・全員がホールに移動したか保育室に戻る
9:45		○朝の会 ・ラジオ体操 ・朝の歌 ・「おはよう」「アイスクリーム」 ・元気よく歌を歌う	・前に出て子どもたちのお手本になるよう体操をする ・帽子をかぶって園庭に出るように声をかける	・子どもたちから見て鏡になるように体操をする ●保育者が正確に歌うことで歌詞に自信がない子どもも大きな声で歌っていた
10:20	園庭	○戸外遊び（自由遊び） ・砂場で型を使ってお弁当を作る子どもがいる ・友達と一緒にダンゴムシを捕まえて保育者に見せ「なんでこんなに足があるの？」と聞く	・安全に遊べているか全体を見渡す ・「ダンゴムシの足って何本ある？」と問いかける ・保育室に戻ることを伝え、服についた砂や汚れを落とすように声をかける	●様々な生き物の不思議さに共感しながら、さらに興味を持たせる言葉かけをしていた ・子どもたちに使っていたものを片付けるように伝える
11:15		○保育室に戻る ・服についた砂や汚れを払い落として保育室に入る ○手洗い、排泄、着替え ・手洗い、排泄を順番に行う ・着替えた服を持ち帰りの鞄にしまう	・順番に手洗いをして排泄を行うように声をかける ・脱いだ服を自分の鞄に入れるように伝える ・鞄からお箸セットとコップを取り出し、好きな場所に座るように声をかける	●実際に砂や汚れを落としている姿をみることで子どもたちもわかりやすく真似できていた ・脱いだ服を間違えないように鞄にしまうように声をかける ・テーブルを出し、アルコール消毒をする
11:35		○給食準備 ・鞄からお箸セットとコップを取り出し、好きな場所に座る ・当番が配膳する ・みんなで献立を確認する	・こぼさないように持ち方を示しながら運ぶように伝える ・全員に配膳されたか確認する	●間違いや事故が起きないように複数の保育者で除去食の確認を声に出して行い、最初にアレルギーのある子どもに配膳していた
11:50	さくら組	○給食 ・「いただきます」と挨拶する ・「美味しいね」と話しながら食べる子どもがいる ・手を合わせて「ごちそうさまでした」と挨拶する	・子どもと一緒に食べる ・「今日はどんなお野菜が入っているかな？」と声をかける ・お皿をきれいにして片付けするように伝える	・子どもと一緒に食べる ●保育者や友達と一緒に食べることで、嫌いなものも食べられていた子どもがいた ●食事は楽しむだけではなく食事のマナーを教える難しい場面でもあることが分かった
12:30		○片付け ・お箸セットとコップを片付ける ○自由遊び ・決められた場所で絵本を読む ・ブロックを出して遊ぶ	・まだ食べている友達がいることを伝え、静かに遊ぶように伝える ・自分の鞄を持って保育者の前に集まるように声をかける ・大きな声で歌う	・お皿を片付け、給食室に食器を戻し、素早く掃除をする ・安全に遊んでいるか全体を見守る ・玩具を片付ける
13:00	さくら組	○帰りの会 「さよなら」 ・自分の鞄を持って保育者の前に座る ・手紙を鞄にしまう	・ピアノの伴奏をする ・明日の予定や持ち物を話す ・お手紙を渡し、鞄に入れるように声をかける ・忘れ物がないか確認する	・子どもと一緒に座る ●明日の予定を伝えることで明日への意欲と希望が持てるようにしていた
13:20		○順次降園 ・「また明日ね」と元気に挨拶する	・「また明日元気に会おうね」と声をかけ子どもと手を合わせる	●笑顔で手を合わせることでコミュニケーションが取れ、信頼関係の構築につながると感じた

タイトル	場面・環境
母親とバイバイできなかったM君	登園時 ： 母親と離れる場面
エピソード	考察
登園の時間、M君は母親と元気よく保育室に入ってくる。母親と先生が話している間、母親の背中にくっついたまま、友達がブロックで恐竜を作っている姿を嬉しそうに見ている。母親から鞄を渡され、自分でロッカーに入れ、母親のそばに戻る。近くでは、A君とH君がブロックの恐竜で戦いごっこを始め、M君もそこに加わり、自分の恐竜を作り始める。母親は支度ができ、M君に「いってきます」と声をかけてバイバイと手を振るが、M君はちらっと母親の方を見るが、そのまま恐竜を作り続ける。しばらくすると、M君は恐竜を作るのをやめ、目に涙を浮かべて座っている。私が「どうしたの？」と声をかけ横に座ると、無言で首を振る。下を向いたまま数分が経ち、M君はため息をつきながら立ち上がる。突然一人で廊下を走り始め、ぐるぐる走っているうちに笑顔になる。	M君は、毎日母親をしっかりと見送って「バイバイ」と手を振り合っている。しかし、今日は友達やブロックに気を取られていて、母親と手を振り合ってのお別れをしていない。M君の表情が沈んでいたことや、悲しそうな表情のまま一人で走り出したのは、母親と手を振り合ってのお別れができなかった気持ちを吹っ切ろうとしていたのではないかと考えた。M君は、本当は母親が行ってしまうことに気付いたけれど、その場からは離れることができなかった。母親といつも通り「バイバイしたい」という思いはあったけれど、その時の友達との雰囲気や動けない状況もあり、複雑な思いや葛藤もあったのだと思う。子どもにとって、母親としっかり挨拶をして見送るということは、母親と離れて幼稚園で元気に過ごすためには必要であり、大切なことなのだと考えた。
タイトル	場面・環境
誕生日プレゼント	戸外遊び ： 砂場で遊んでいた場面
エピソード	考察
友達と砂場で遊んでいたAちゃんとBちゃんが誕生日プレゼントについて話している。Bちゃんは「パパにお人形さんと大きなケーキもらった」と話すが、Aちゃんは何も答えずにいる。Bちゃんは気にせず「毎日そのお人形さんと一緒に寝てるの」と話し続ける。突然、AちゃんがBちゃんに砂をかける。実習生が「急にどうしたの？砂はお友達にかけちゃだめだよ」と話す。Bちゃんは怒って「もうAちゃんなんか大嫌い」といって違う場所に行ってしまう。Aちゃんは涙を流しながら下を向いている。近くにいた保育者がAちゃんにそっと近寄り「何か嫌なこと言われたの？」と優しく諭すと、「誕生日なんてきらいだもん…」とAちゃんがつぶやく。	先日はAちゃんの誕生日で、保育者の話ではAちゃんは両親からプレゼントをまだもらっていないとのことだった。Bちゃんに悪気はなかったのかもしれないが、まだ自分はプレゼントをもらえていない状況の中で、Bちゃんの何気ない言葉はAちゃんにとっては嫌だったのだと思う。最近は、家庭環境が複雑な子どもが増えてきている。それぞれの家庭の考え方もあるので、保育者は一人ひとりの家庭の状況を把握して配慮していく必要があると感じた。全員が誕生日を家族にお祝いしてもらえるというわけではなく、好きなものをプレゼントされるわけでもない。保育者は子どもの気持ちに寄り添いながら、嬉しいときは一緒に喜び、悲しいときはその気持ちを受け止めることが大切だと考えた。
今日一日を振り返って(学んだこと・反省・考察)	
※　今日一日学んだことや自分で立てた目標に対して振り返りをします。	
ご指導・ご助言	
	指導担当者　　　　　　　印

第5節　実習指導案（部分・責任実習）

指導案の意義と役割

　「実習指導案」とは，部分実習・責任実習において，目の前の「子どもの姿」から今子どもたちに必要な力はなにか，こんな力を身につけてもらいたいというねらい（保育者の願い）を立て，そのねらいを達成させるために適した活動を考え，必要なものを準備します。活動の流れを時系列でまとめ，計画として作成するものです。事前に実習園の保育・教育方針や担当するクラスの一日の流れ，子どもたちの発達段階や興味・関心などについて理解を深めておくことが大切です。実習園によっては，自由保育等の理由で一斉活動がない場合もありますので，実習生が主活動を考えて実践する機会がない場合もあります。一方で，普段は一斉保育ではないけれど，せっかくだから実習生に実践してもらおうという場合もあります。特に，責任実習の指導案については，実習園から何も言ってくれないからわからない…ではなく，自分から積極的に質問して臨機応変に対応しましょう。

指導案は未来の計画

　実習指導案は未来の計画だとイメージするとわかりやすいでしょう。ただし，台本ではありませんので，一言一句間違ってはいけないというわけではありません。また，子どもたちのその時の様子や時間調整などによっては，担当の先生に相談したうえで，活動内容を若干変更することもあると思います。みなさんは，ねらい（願い）をもって子どもたちに楽しんでもらえる活動を考えますが，活動を強制したり，こちらの思い通りに進めたりしないように注意しましょう。まずは，立案する前に子どもたちの様子をよく観察し，子どもたちに適した活動を考えましょう。

　部分実習では，保育の一部を任せてもらいますので，手遊びや絵本の読み聞かせ，朝の会などの活動ごとに指導案を書きます。責任実習では，一日の流れを通して保育を行うため，主活動を含めた登園から降園まで一日の指導案を書きます。

指導案を書く際の注意点

　主活動の立案には，子どもたちの実態をよく観察して決めますが，実習生自身が「好きな遊びをやってみたい！」，「子どもたちにこの面白さを伝えたい」という気持ちも大切です。たまに「とりあえずフルーツバスケットとかだるまさん転んだとかやっとけばいいんじゃない」，「やりたいのは他にあるけど，難しいのは失敗しそうだし，とにかく簡単なあそび…」という実習生がいます。そのような思いで活動を決めてしまうと，結局，その活動を通して子どもたちにどんな力が身につくのか，この活動をやる意図は何かと保育者から質問されると全く答えられません。これでは実習ではなく，ただお姉さん，お兄さんが一緒に遊んだ…で終わってしまいます。みなさんは専門職を目指していますので，遊びの中にもみなさんの思いや意図がなければいけませんね。

　実習中，先生方の言動や働きかけをよく観察してください。必ずねらいや意図，保育者の願いが込められています。このことを頭に入れて先生方をさらに観察してみると，また違った視点で見えてくるものがあります。「あー，だから今先生はこう言ったんだ」，「先生はあえてこんな対応したんだな」と理解できることもあると思います。活動を考える際には，普段子どもたちとかかわっている担任の先生が子どもたちを一番理解しているので，必ず事前に相談するようにしましょう。

指導案の書き方

　指導案の書き方について，以下の10段階に分けて説明します。まずは，指導案を書く際の全体の流れを把握してもらったうえで，一つひとつについて説明します。

POINT　指導案の書き方

（1）「実践日」を書く
（2）「対象児」「人数」を書く
（3）「子どもの姿」を書く
（4）「ねらい」を書く
（5）「主な活動（内容）」を書く
（6）「準備するもの」を書く
（7）「時間」を書く
（8）「環境構成」を書く
（9）「予想される子どもの姿」を書く
（10）「実習生の援助・配慮」を書く

(1)「実践日」を書く

実践する日付を正確に書きます。実践予定日の天候も忘れずに調べておき，必ず「戸外での活動」，「室内での活動」を考えておきましょう。例えば，戸外で活動を考えていたけれども当日雨になってしまった場合，「雨なので今日は何もできません，考えてませんでした」では困ります。急な天候の変化もありますので，事前に「戸外での活動」，「室内での活動」を必ず考えておき，先生に相談しておきましょう。

(2)「対象児」「人数」を書く

クラス・年齢・人数（男児〇人，女児〇人）を正確に書きます。事前に人数を把握しておくことで，活動の際のグループ分けや移動する際の混乱を避けることができます。また，部分実習・責任実習では基本的には「実習生対子どもたち」になりますので，人数を把握できていないと事故やトラブルに繋がってしまう危険性があります。

(3)「子どもの姿」を書く

目の前の子どもたちがどのようなことに興味や関心を持っているのか，どのような遊びが好きなのかをよく観察しましょう。また，発達の面（心と身体）からみて，今できていることや最近できるようになったこと，あと少しでできるようになりそうなことなどを把握します。例えば，「ルールや決まりを理解して集団遊びができるようになった」，「あと少しの支援があれば鉄棒の逆上がりができそう」，「自分からすすんで身の回りのことを行うことができる」，などです。子どもの姿によってねらいや活動の内容が大きく変わります。文例を示します。

> **文 例**
>
> ・友達とブロックやままごとを楽しむ姿が見られる
> ・自分の思いを言葉にすることができ，保育者や友達に伝えようとする
> ・ルールの大切さを理解し，集団遊びを楽しんでいる
> ・絵本の登場人物になりきって遊ぶ姿が見られる

(4)「ねらい」を書く

子どもの姿を踏まえて活動のねらいを具体的に書きます。子どもたちの発達段階や興味・関心に合っているか，子どもたちの生活に繋がりのある経験ができるかを意識して考えましょう。また，子どもたちにこんな力をつけてもらいたい，子どもたちがいま必要としていることは何かをよく考え，子どもたちに対する保育者の願いを込めるとねらいを立てやすいと思います。あくまでも主語は子どもです。このねらいを明確にすることで，みなさんの目指す子どもの姿がはっきりしますので，実践の際に自信をもって子どもたちに対応できることでしょう。部分実習ではその活動に対してのねらいを書きますが，責任実習では一日を通したねらいでも良いでしょう。文例を示します。

> 文 例

- 友達と一緒に音に合わせて体を動かす楽しさを知る
- 友達と教え合ったり，褒め合ったりしながら作り上げる喜びを分かち合う
- 「　〇〇　」という日本の文化に興味を持つ
- 絵本を通して時計の読み方を知る

(5)「主な活動(内容)」を書く

　　ねらいを達成するために活動内容を考えましょう。子どもたちが興味を持ち，最後まで面白がって取り組むことができるか，内容に偏りがなく発展的な内容か意識しましょう。また，七夕，クリスマス，節分などの時期や行事を取り入れるのもよいでしょう。指導案に書く際は，具体的に書きましょう。文例を示します。

> 文 例

- スケッチブックシアターを見る
- トイレットペーパーとストローを使って，トンボを作る
- 牛乳パックを使って，けん玉を作る
- フルーツバスケットをする

(6)「準備するもの」を書く

　　活動を行うにあたり，事前に準備しておくことや必要なものを考えます。導入に使う絵本や紙芝居，その他保育教材なども書きます。製作活動の場合は，事前に机をどのように移動しておくのか，机に新聞紙を敷いておくのか，のりを使う場合は手拭きが必要かなど，事前に行うことも書いておくとわかりやすいでしょう(環境構成の欄に書く場合もあります)。必要な材料の個数や大きさ，予備も忘れずに書きます。園庭や遊戯室などで集団遊びを行う場合は，事前に三角コーンを立てるか，床にテープで目印をつけておくかなど，細かい部分も書いておきましょう。また，実習生が用意するものと子どもたちが用意するもの，実習園からお借りするものなどを分けて書いておきましょう。文例を示します。

> 文 例

実習生：エプロンシアター，絵本「〇〇〇〇」，牛乳パック×20個，
　　　　アルミホイル(20×20センチ)×20個　※予備各5個
子ども：はさみ，のり，マーカーペン

(7)「時間」を書く

　　子どもたちがどのくらい意欲をもって楽しんで活動できるか，子どもの姿やクラスの雰囲気をもとに時間の目安を決めましょう。子どもは個人差があったり，その時の気持ちによって時間が読めなかったりするので，時間に余裕をもって設定しておくとよいと思います。みなさんは，時間通りに進められるように臨機応変に対応できるように準備しましょう。また，時間の流れは子どもたちの気持ちにメリハリをつけることにも役立ちます。

(8)「環境構成図」を書く

　　活動が切り替わるごとに環境構成図を書きます。安全で安心できる環境づくりになっているのかをよく考え，子どもの動線も配慮しましょう。環境構成図は定規を使って書きます。場所，机や椅子の配置，玩具の置き場所に加え，予想される子どもたち，実習生や先生方の位置も書きます。また，事前に準備しておくことも書いておきましょう（準備することの欄に書く場合もあります）。製作の場合は，工程ごとに絵を描き，完成図もイラストを入れておくとわかりやすいでしょう。文例を示します。

> **文　例**
>
> ・机を3台出しておく
> ・机の上に新聞紙を敷いておき，手拭き用の濡れタオルを準備する
> ・床に養生テープで印をつけておく
> ・倉庫から三角コーンを6個出しておく

(9)「予想される子どもの姿」を書く

　　活動の流れに対する子どもの言動を予想して書きましょう。子どもが主語になるように書きます。みなさんは実習生ではありますが，保育者の立場で書きましょう。「まだ〜していない，〜できない」という否定的に捉える表現にならないように注意してください。また，実習生の指示通りに動くことに偏らず，子どもたちの様子や表情を想像しながら想定外のことも予想しておきましょう。文例を示します。

> **文　例**
>
> ・保育者の話を真剣な表情で聞く
> ・友達に「〇〇〇」と笑顔で声をかける
> ・音楽に合わせて友達と踊る子どもがいる
> ・悔しくて泣く子どもがいる

(10)「実習生の援助・配慮」を書く

　　　子どもたちが活動を通して「ねらい」を達成できるために必要な援助を書きます。子どもたちとかかわる中でどのような意図で配慮したのかを具体的に書きましょう。また, 配慮が必要な子どもへの対応や予想される問題点に対する手立てや対応を書いておきましょう。

> **文 例**
>
> ・子どもの気持ちを受け止めながら〇〇する
> ・自信がなさそうにしている子どもに〇〇しながら援助する
> ・全体を見渡しながら子どもたちのやり取りを見守る
> ・子どもたちの表情からルールが理解できているか確認する

指導案の提出

　さて, 指導案を書き終えたら, いよいよ提出です。下書きしたものを, 学校名と名前を記載した新しいクリアファイルに入れ, 相手に渡すときの向きに気を付けて渡しましょう。一度に数枚提出するときは, いつ実践する指導案なのかを分かるようにメモし, ファイルを分けましょう。提出日は, 実習初日の場合もあれば, 実践日の2日前と指定される場合があります。実習中は実習日誌もありますので, 指導案まで手が回らずに提出期限が過ぎてしまった…なんていう実習生もいます。そうならないように, 実習が始まる前に, どんな活動を行いたいか, 戸外遊びや室内遊び, 製作活動についてあらかじめ考えておくとよいでしょう。

　先生に下書きしたものを見ていただき, 年齢やクラスの発達段階に適している内容なのかなどを確認していただきます。製作活動の際は, 完成した製作物を一緒に提出し, 難しい工程や危険な工程はないか, 子どもたちが興味を持って楽しめる製作活動かなどを確認していただきます。

　指導案の提出が済んだら, 実践日までイメージトレーニングをして繰り返し練習をしましょう。

> **POINT　指導案の提出**
>
> （1）　提出期限と方法を確認する
> （2）　担任の先生に下書きを確認してもらい指導を受ける
> （3）　製作活動がある場合は完成した製作物（見本）も提出する
> （4）　指導案提出後は事前準備をする

（1）提出期限と方法を確認する

　実習園によっては，実習初日に提出することもあれば，実践日の3日前に提出することもあるでしょう。実習園によって指導案の提出方法に違いがありますので，実習園の先生のご指導に従うようにしましょう。

（2）担任の先生に下書きを確認してもらい指導を受ける

　下書きを作成したら担任の先生に見ていただき，指導を受けます。指導案を見ていただき，ご指導があった場合は加除修正をしましょう。必要であれば再提出し，再度指導を受けます（場合によっては，これを数回やり取りする場合があります）。先生から許可をいただいたら清書をします。実習園によっては，清書はせず下書きのままで良い場合もあります。また，実習園によっては，部分実習・責任実習共に，担任の先生だけではなく，園長先生や主任の先生などからもご指導いただく場合があるため，ご指導いただく先生の分を印刷して提出することもあるかもしれません。念のため，提出する枚数を聞いておくとよいでしょう。

　ここで気を付けてほしいことがあります。提出することに集中してしまい，自分の分を印刷せずに実習園にすべて提出してしまうと，指導案に書いた内容が分からなくなってしまいます。くれぐれも自分の分を忘れずに印刷しておきましょう。

（3）製作活動がある場合は完成した製作物（見本）も提出する

　製作活動の場合は，完成した製作物と一緒に指導案を提出します。どのようなものを製作するのか，難しすぎる工程はないか，子どもたちが楽しく安全に製作できるか，時間配分は適当かなどを見ていただくためです。子どもたちが各自で持っている文房具をいつどのタイミングで手元に準備するのか，テーブルクロスなど実習園でお借りできるものがあるかなどを確認しましょう。戸外遊びや室内遊びの場合でも，ボールやフラフープなど，お借りできるものがあるかを事前に確認しておきましょう。

（4）指導案提出後は事前準備をする

　指導案を提出したら，その場面を想定して予行練習を繰り返し行いましょう。当日は，指導案を見ながら保育することはできません。流れをしっかりと頭に入れてイメージトレーニングをしておきましょう。子どもたちはみなさんが予想もしない言動をするでしょうし，その日の子どもたちの様子によってはトラブルが起きる可能性もあります。様々なことをイメージしておくことで，予想外の事が起こった時に，冷静に対応できるようになります。

　また，指導案はあくまでも計画です。指導案どおりにすすめることが「成功」ではありません。子どもたちの様子によってはその場で柔軟に計画を変更することも必要です。しかし，少しでもその場の子どもの姿や声を拾いながら展開することを心がけてください。そのためには，まずは自分なりの流れをしっかりとおさえ，余裕を持って子どもたちに向き合えるように，事前準備をしっかりしておくことが大切です。

指導案（部分）

実 習 指 導 計 画 （部分）

6月 5日（水） さくら組 3歳児 男児 10名 / 女児 9名 計 19名		
子どもの姿 ・自分の感情を表現する姿が見られる ・文字に興味を持ち、読んだり書いたりする姿が見られる		**ねらい** ・保育者や友達と様々な表現を楽しむ ・絵本に親しみ、イメージの世界を広げる
主な活動 ・手遊び「まあるいたまご」を行う ・絵本『しろくまちゃんのほっとけーき』を見る		**準備するもの** 絵本『しろくまちゃんのほっとけーき』

時間	環境構成	予想される子どもの活動	実習生の援助・配慮
11:10	さくら組 （遊びコーナー／ピアノ／棚／棚 配置図） ●…子ども ◎…実習生 ☆…保育者	・玩具を片付け、実習生の前に集まる ・何が始まるのか嬉しそうな表情で実習生の前に座る ・嬉しそうな表情で実習生の前に座る ・「たまごみたい」と友達と顔を見合わせて話す子どもがいる ・実習生の真似をしてたまごの形を作る子どもがいる ○手遊び「まあるいたまご」 ・実習生の真似をしながら手遊びを行う ・「恐竜のたまご」「ピンクのたまご」と一斉に答える ・「わからない」と困った顔をする子どもがいる ・「オムライス」「目玉焼き」と答える子どもがいる ・友達と顔を見合わせ笑っている子どもがいる ・読み聞かせが始まるのを静かに待つ	・子どもたちに玩具を片付けて集まるように声をかける ・集まってきた子どもたちを温かな雰囲気で迎える ・全員集まったかどうかを確認する ・手でたまごの形を作り、「これはなにかな」と子どもたちに興味・関心を持たせる言葉をする ・子どもたちに分かりやすいようにゆっくり手を動かしながら、表情豊かに行う ・「次はどんなたまごがでてくるかな」と子どもたちのイメージを引き出せるように声かけをする ・様々な表現を子どもと一緒に楽しむ ・たまごを使ってどんなごちそうができるのか子どもたちに問いかける ・「しろくまちゃんはたまごで何をつくるのかな」と子どもたちが絵本に興味を持てるように話をする
11:15 11:25		○絵本読み聞かせ 『しろくまちゃんのほっとけーき』 ・「ぽとん」「まあだまだ」など知っている言葉を口ずさむ ・「たまごわれちゃった」と悲しそうな表情をする子どもがいる ・ホットケーキを作る仕草をする ・「ぺたん」「くんくん」など絵本に出てくる言葉を口に出す ・「できた」と一斉に歓声をあげ、食べる真似をする ・実習生に「また明日も読んで」と話す子どもがいる ・排泄、手洗いを済ませ、給食の準備をする	・子どもたちが見やすい位置、絵本の持ち方、高さ、聞きやすい声の出し方などに配慮する ・子どもの声に応じながら話を進める ・生地をフライパンにのせ、ホットケーキが完成するまでの場面では、擬音や擬態語のリズムや間の取り方に配慮し、子どもたちが絵本のイメージを膨らますことができるように工夫する ・「しろくまちゃんのホットケーキおいしくできたね」と子どもたちに問いかけたり、子どもの声を受け止めたりしながら、絵本の世界を子どもと共に味わう ・排泄、手洗いを済ませて、給食の準備をするように伝える ・絵本を片付ける
反省・考察			

第6節　給食費の支払い方法

　実習園によって,給食費の精算方法や支払日は異なります。いつ,どのように精算するのかを確認しておきましょう。また,おやつ代の支払い方法も確認しておきましょう。休憩時のおやつについても忘れずに確認し,もし,ご厚意でいただける場合は,園長先生や先生方,調理員の方々に感謝の気持ちをしっかり伝えましょう。

　支払いの際,無地の縦型封筒にお釣りのないように給食費（おやつ代）を同封しましょう。その際,一筆箋に感謝の気持ちを書くとよいでしょう。例えば,「この度は,おいしい給食をありがとうございました」,「おいしい給食を食べて実習を乗り切ることができました」など,感謝の気持ちを素直に伝えることは大切です。封筒表には,園名（園長先生のお名前）や同封した金額を書き,封筒裏には,自分の学校名や氏名を忘れずに書きましょう。

第7節　訪問指導

　実習期間中に訪問指導担当教員が実習園を訪問します。実習期間中に学内の教員から直接指導を受けられる唯一の機会となります。実習中に感じている不安や戸惑いの解消にもつなげられるように,具体的な指導を受ける機会として活用しましょう。

　この訪問指導では,よくこんなことがあります。訪問指導に行くと,実習園の先生から「実は,日誌の提出が遅れています」,「〇日目に遅刻がありました」,「先日実習生と一緒に遊んでいた子どもが転んで頭を打ってしまったんです」などです。学生が教員に報告をせずにいると,何の情報もないまま教員が訪問指導に行き,その時初めて実習生の現状を知るということになってしまいます。必ず欠勤や早退,実習期間が変更になった場合,たとえ大事には至らなかったとしても子どもの怪我やトラブルが起きたときには事前に必ず連絡,相談をしておきましょう。訪問指導担当教員の実習園への対応が変わります。

第8節　個人情報やSNSについて

　実習において知り得た情報は守秘義務に配慮し,他言しないように注意してください。また,実習日誌や実習中のメモの取り扱いにも十分注意し,紛失しないように責任をもって管理してください。

守秘義務を守る

　実習中に知り得た情報については守秘義務があります。個人情報を取り扱う場で実習させていただくということを自覚し,子どものプライバシーを守ることに留意して実習に臨みましょう。子どもや先生方,保護者,実習園だけではなく,実習生自身の実習内容や日誌などもSNSに投稿してはいけません。実習の様子などを写真に撮って学生同士で情報を送信しあうことも厳禁です。学生同士の何気ない会話から,子どもの情報が漏れてしまう事があるので十分注意してください。どの養成校からもこのような注意を実習前に受けると思いますが,それでも「裏アカなら大丈夫」,「ストーリーなら24時間で消えるし…」,「どうせ見つからないよ！」と思って投稿する人もいるようです。例えば,日誌をカフェで書いている写真を投稿したり,「今○○園で実習してるけど,明日責任実習やりたくない」と写真なしで投稿したりする人が実際にいます。「自分は大丈夫」と思っていても,いつ誰が見ているかわかりません。誰が誰とつながっているかもわかりません。絶対に守秘義務を守ってください。

　また,実習をしている実習生本人だけではなく,実習生の家族に対しても同様の注意が必要です。特に,自宅から近い母園で実習を行っている人は,家族であっても誰のことなのかが特定されてしまう様な内容は口外してはいけません。

　個人情報保護の観点から,実習園によっては,実習日誌の表記をイニシャルにしたり,「子ども」とする場合があります。実習日誌の表記については,実習園に確認をしてから書くようにしましょう。さらに,学内の実習報告会などの場では,子どもの情報が公開されることがありますが,守秘義務を守ることを忘れないようにしましょう。

第9節　実習の中断・中止・延期

実習の中断・中止

　実習期間中に無断欠勤をしたり，実習日誌を提出できなかったりした場合は，実習中断もしくは実習中止となる場合があります。それ以外の理由でも，実習期間中に実習生として不適切な行動や行為が認められた場合は，実習中断もしくは実習中止となる場合があります。

　また，感染症に罹患した場合は一時的に実習中断をし，実習園との協議の上，引き続き受け入れ可能であれば実習時期を変更して実習を行うことになります。

　さらに，学生本人の家庭の事情や実習園の事情により，実習開始後に継続が困難となった場合は実習中断もしくは中止となります。その後，実習園との調整を行い，状況に応じて実習を再開することもあります。いずれにしても，養成校と実習園，学生の情報共有がとても大切になります。実習に関して困ったことや悩んでいることがある場合は，一人で自己判断せずに早めに実習担当教員に相談しましょう。

実習の延期

　実習開始前に学生本人の事故や怪我等，または実習園の事情によって予定していた期間で実習を行うことが困難になった場合は，実習延期となります。実習園との調整を行い，適切な別の時期に実習を実施することもありますが，実習受け入れが難しい場合は，実習園自体を変更する場合もあります。

第6章　実習後

第1節　実習園への実習日誌提出

実習園への最終的な日誌の提出

　実習日程が終了したからといって,そこですべて終了したわけではありません。実習日誌は,養成校によって若干の違いはありますが,表紙から実習園の概要や事前オリエンテーションのまとめ,日々の日誌,振り返りまで様々あり,すべてが揃っているか確認したうえで,実習園にファイルごと提出します。すべての日誌が提出できない場合は,実習を終了したことになりません。最後まで気を抜かないようにしましょう。また,せっかく実習を無事に終了することができても,実習日誌の取り組み方によっては評価が下がってしまったり,場合によっては不合格となることもあります。実習日誌も評価の対象であることを忘れないようにしましょう。

「反省」と「振り返り」を書く

　実習が終了したら,まずは先生方のご指導やご助言を思い出し,自分自身の実習全体の反省や振り返りを記述しましょう。この振り返りでは,実習前に自分で立てた目標に対する考察も書きましょう。子どもたちとのかかわりから学んだことや先生方から学んだことの他,自分自身で成長したと感じたことや次への課題なども丁寧に書くとよいでしょう。エピソードを交えて具体的に書くと先生方にも伝わりやすいと思います。「〇ちゃんがいつも声をかけてくれてかわいかったです」,「毎日泣きながら頑張ってよかったです!!」,「自分なりに子どもたちと積極的にかかわることができました」など,ただの自分の感想だけにならないように十分気をつけましょう。

提出前に最終確認をしよう

　日誌全体を確認しましょう。記入していないところはないか,誤字脱字はないか,実習園に記入していただく場所に記入していただけているかなど,最終の確認をしましょう。もし,記入されていない箇所があったり,印鑑をもらっていない箇所があったりする場合は,日誌提出の際に丁寧にお願いしましょう。

日誌の提出と受け取りについて

　実習最終日にいつ実習日誌を提出すればよいのかを確認しましょう。実習園から日誌提出日を指定されることもありますが，特に指定がない場合は，実習終了後から3日以内に提出しましょう。また，日誌の受け取り日については，提出の際に先生に相談して決めましょう。遠方に住んでいる学生や実習終了後に実習園に訪問することが難しい場合は，実習園と養成校の実習担当教員に必ず相談しましょう。自分勝手に判断し，郵送等でやり取りするのは絶対にやめましょう。

　日誌の提出と受け取りの際の服装は，基本的にはスーツです。実習が終了したと勘違いをして，髪を染めてアクセサリーをつけ，私服で実習園を訪問する実習生がたまにいますが，まだこの時点では完全に実習が終了したというわけではありません。実習中と同様に，身だしなみや言葉遣いには十分気をつけましょう。

　実習終了後の実習日誌の流れは，実習園にファイルごと提出する，実習園に日誌を受け取りに行く，養成校に提出する，の順番です。

第2節　お礼状の送付

お礼状を書く意義

　実習でお世話になった実習園の先生方や子どもたちに向けて「**お礼状**」を書きましょう。これは形式的に感謝を述べればよいというものではありません。実習中，先生方にご指導いただけることは当たり前のことではありません。先生方は通常の業務に加えて実習生の指導が入るので，みなさんは先生方の貴重なお時間をいただいているのです。先生方は，保育者を目指すみなさんの芽を摘まないように，将来を担う保育者になってほしいという思いから，時間を割いてご指導してくださっています。質問等にも丁寧に答えてくださったり，日誌の添削をしてくださったり，時には厳しいご指導があったかもしれませんが，それはすべてみなさんのためを思ってのことです。一定の期間，勉強させていただいた感謝の気持ちを自分の言葉で伝えましょう。

　また，実習園によっては，先生方が全員読めるように，お礼状を掲示したり，回覧したりします。同じ実習園に行った学生同士で文面が同じにならないように気をつけましょう。基本，お礼状は一人ひとり書きますので，投函時期を合わせることも忘れないようにしましょう。

お礼状の書き方

　まずは，白無地の縦書き便箋と白の縦長封筒，切手を用意しましょう。色や柄が入っていないものを使用するのが一般的です。

　お礼状の始めの文は，季節の挨拶を入れましょう。内容としては，実習中お世話になったことへのお礼を伝えます。次に，実習で体験したことや学んだことについて，エピソードを交えて具体的に書くとよいでしょう。さらに，実習を通して明確になった自分の課題や，今後勉強していきたいことなども書きます。実習園の先生方が読むため，漢字の間違いや誤字脱字のないように丁寧に書きましょう。また，「とても辛かった」，「辞めたくなった」などの感想は避け，前向きな内容を書くようにしてください。

　子どもたちにお礼を伝えたい場合は，お礼状の中で，「子どもたちにもよろしくお伝えください」と書いてもよいでしょう。直接，子どもたちに向けたお礼状を書く場合は，年齢によって字の大きさや内容を工夫して書きましょう。

お礼状

拝啓　秋風が心地よい季節になりました。○○○園におかれましては、園長先生をはじめ、諸先生方、園児の皆様には、お健やかにお過ごしのこととお存じます。
この度の実習では、あたたかいご指導やご助言をいただき、本当にありがとうございました。先生方や子どもたちと過ごした時間は、私にとってとても貴重な経験となりました。

実習初日はとても緊張しましたが、子どもたちが元気に「先生遊ぼう」と声をかけてくれたことがとても嬉しかったです。また、担任の先生が「わからないことは気軽に聞いてね」と声をかけてくださり、とても安心しました。そのような雰囲気の中で園庭で子どもたちと一緒に鬼ごっこをしたりかくれんぼをして遊ぶ中で、子どもたちの年齢ごとの発達段階や一人ひとりの特性などを観察することができました。

また、先生方の子どもたちへのかかわり方を観察させていただき、長い時間家族と離れて過ごす子どもたちにかかわる保育者の役割を学ぶことができました。ただ保護者のいない間子どもたちを預かるのではなく、人格形成の大切な時期に、子どもたちにどんな力を身につけてもらいたいのかというねらいをもってかかわることが大切だと学びました。私は実習生として、自分の目の前にいる子どもたちに対して、何をするべきなのかを考えることができました。

さらに、保育者は常に子どもたちの良きお手本でならなければいけないことも実感しました。言葉遣いや物の扱い方、善悪の判断など、子どもたちの良き人的環境でいることの大切さを改めて感じることができました。

今後は、今回の学びをもとに保育者の役割を明確にしながら、一人ひとりに適したかかわり方を実践していきたいと思います。

お忙しい中、本当にありがとうございました。○○○園の先生方、子どもたちのご健康とご多幸を心よりお祈りいたします。

末筆ながら、○○○園の先生方、子どもたちのご健康とご多幸を心よりお祈りいたします。

敬具

令和○年○月○日

　　　　　　　　　　○○○大学　○○学科
　　　　　　　　　　　　　　　　○○○

○○○園
園長　○○　○○様

お礼状の投函時期

　お礼状は実習が終了してから1週間以内に投函しましょう。同じ実習園に行った学生は投函時期を合わせるようにしてください。前半(1回目)と後半(2回目)で実習園が同じ場合は、各実習でどんな内容を書いたのかを確認するために、お礼状をコピーして手元に保管しておくとよいでしょう。

第3節　学内での事後指導

　実習が終了して養成校に戻ると,「疲れた」,「私すごく頑張った」,「楽しかった!!」,「子どもたちは可愛かったけどもうやだ…」など,学生の気持ちは様々です。なんだかしばらく気が抜けてしまう人もいるかもしれません。それだけ,実習というものは学生にとって大きなイベントだということがよく分かります。ただ,それだけで終わってしまってはせっかくの学びを深めることはできません。学んだことを丁寧に振り返り,自分の保育観や子ども観,自己課題を明確にしましょう。最終学年であれば,この実習の成果を就職活動にもつなげていくことができるでしょう。

「自己評価」と「他者評価」のズレを確認する

　実習が終了すると,実習園から養成校に**「評価票」**が届きます。実習終了後の養成校による自己評価の方法は異なると思いますが,実習終了後の「自己評価」と「他者評価(実習園からの評価)」を比べることはとても重要です。例えば,「今回の実習では,絵本の読み聞かせもうまくできたし,子どもたちと仲良く遊べたし,実習園からの評価良いかも！」と思っても,実習園からの評価はあまり良くなかったということがあります。一方で,「今回,責任実習で子どもたちをうまくまとめられなかったし,言葉かけもうまくできたか自信がないから評価低いよな…」と思っても,実習園からの評価はとても高いということがあります。これがいわゆる「自己評価」と「他者評価」のズレです。実習中,「自分はこれでいいんだ」,「このかかわり方でうまくいってる」と思って保育を行っていたとしても,実は実習園が求める保育と食い違いがあるということです。自分に手ごたえがあったと思う学生ほど,実習園からの評価を聞いて落ち込むことがあります。素直に受け入れられず,不満が残る人もいるかもしれません。ただ,大切なのは「自己評価」と「他者評価」のズレを知ることです。もしかしたら,自分が思っているより全体が見れていなかったかもしれませんし,無意識に子どもたちの遊びの邪魔をしてしまっていたかもしれません。そう考えながら自分を客観的に見てみるのです。冷静に自分を見つめなおし,自己課題につなげていくことが大切です。…とは言っても,実習園の先生によっても評価のつけ方が違いますので,みなさんは評価が思っていたよりも低いからといって立ち直れなくなるほど落ち込むことはありません。「自分って意外にこんな風にみられるんだ」,「自分はかなり動けていたと思ったけど今回は消極的にみられちゃったんだな…」など,その評価

を知ったうえで、じゃあ次の実習はどうすればよいのかと自分を振り返るきっかけとなればそれでよいのです。反対に、思っていたよりも評価が高かった人は、「これでいいんだ」と満足することなく、学ぶ姿勢を持ち続けてほしいと思います。実習園からの評価というのは、直接子どもとかかわるところ以外で、評価が下がる場合があります。例えば、挨拶や言葉遣い、日誌などです。評価表のどの項目の評価が低かったのかも養成校の実習担当教員と話してみるとよいでしょう。

評価票

評価票（ある養成校の観察・参加実習の場合）

評価票

学籍番号
氏名

実習期間： 令和　　年　　月　　日（　）〜　　月　　日（　）まで　　日間
（欠勤　　日／遅刻　　日／早退　　日／日誌等提出物遅延　　回）

実習評価の内容 （各評価項目に該当すると思われるところに〇をつけてください）		優れていた	やや優れていた	実習生として普通	努力を要する	指導成果が認められなかった
勤務状況	出勤時間や提出物期限を終始厳守することができた					
	心身の健康管理に留意し、体調を崩すことなく実習を終えることができた					
	挨拶・言葉遣い・身だしなみが適切であった					
実習態度	自ら進んで子ども一人ひとりと関わろうし、それを実践しようとする姿がみられた					
	子どもと一緒に身体を動かしながら笑顔で遊び、楽しむ姿が見られた					
	子どもに対して愛情豊かに分け隔てなく関わり、全体と関わることができた					
	保育者との協働において、迅速に動き、進んで清掃や環境整備など、自ら気づいて動くことができた					
	保育者に質問したり、助言に対して素直に受け止めたり、向上心を持って実習に臨むことができた					
実習内容	子どもの発達過程を十分に理解しようとし、基礎的な保育技術を習得することができた					
	部分実習において、事前の準備を含めた実践を積極的に行うができた					
総合評価（Eは不可）		A	B	C	D	E

総合所見（特に優れていた点、並びに努力を要する・努力が認められなかったと評価された項目について具体的にご記入をお願いいたします）

評価票記入日　　　年　　月　　日
施設名
施設長名　　　　　　　　　　㊞
指導担当者名　　　　　　　　㊞

実習日誌での振り返り

　実習中, 毎日必死に記録した日誌ですが, 実習終了後に読み返してみる人はどのくらいいるでしょうか。「もう実習のことは思い出したくない」,「たくさんご指導が入ってしまって読めない」なんていう人もいるかもしれませんね。実は, 日誌は学びの過程が分かりやすく書いてあるため, 改めて読み返すと新たな発見があるものなんです。それは, 子どもの捉え方や保育者の見方, 自分の子どもへのかかわり方が,「その時の自分」と改めて読み返した「今の自分」と違うからです。その時は, 必死に実習をこなしていたと思いますので自分にできる精いっぱいのことを記録していると思いますが, 後から見返すと「この時, なんでこの活動したんだろう」,「今だったら違う言葉かけするな」,「冷静に考えると環境構成もっと工夫できたはず」など, 違った視点で振り返ることができるのです。それ以外にも, 漢字の間違いや誤字脱字が多い, 環境構成図が雑で少ない, 同じ表現を何回も先生に直されたなど, 自分の苦手な部分を知ることもできるでしょう。

学生同士の意見交換での振り返り

　実習園によって, 園の理念や保育・教育方針が異なりますので, 実習といっても実習生全員が全く同じ内容を体験するわけではありません。他の学生と意見交換する中で, それぞれの園の多様性を知り, 自分の実習園と比べることで共感したり, 新たな発見があったりするかもしれません。また, 自分が体験したことや考えたことを他の人に話すことにより, 他の人の考えや意見を聞くことができ, 改めて自分の考えを深め, 自分の課題に気づく機会になります。子どもたちとのかかわりから学んだことや先生方から学んだこと, 部分実習や責任実習で成功したことや失敗したこと, 自分自身で成長したと感じたことや次への課題など, 視点を絞ってみると話し合いが進みそうですね。ただ, 愚痴や文句の言い合いになってはいけません。守秘義務に配慮し, 名前を出したり, 切り取った部分だけを話したりすることはやめましょう。

事例を通しての振り返り

　実際にあった事例を挙げて話し合うのも良いでしょう。例えば,「その時はうまく対応できたけどあとからもっと違う対応があったかもしれないと思った場面」や「どうしてよいかわからず困ってしまった場面」などたくさんあると思います。また, 主活動についても, クラスの年齢や子どもの発達段階などから, その活動の内容が適していたのか, 他に配慮や工夫できることがあったのかなど, 学生同士で一緒に考えることもできます。手遊びや絵本の読み聞かせを行う際の導入や言葉かけなども, 他の学生から様々な考えを聞くことで自分の引き出しも増えそうですね。

関 連 資 料

　ここにあげる関連資料は一例です。保育者養成校や実習園により内容や形式が異なるので,必ず保育者養成校や実習園の指示に従ってください。

資料1. 実習園の概要

法人名		園名	
所在地	〒　　　　　　　　　　　　　　　　　　　　　　　　　　　　　TEL			
園の沿革			
基本方針			
在園児の構成			
職員の構成			
地域の実態			
その他			

資料2．事前オリエンテーション

日時	年　　　月　　　日（　　）　　　　：　　～　　：

■対応してくださった先生

■実習期間・出退勤

■服装（保育中・通勤時）

■実習内容（部分・責任実習）・配属クラス

■実習日誌・指導案

■昼食・必要経費

■持ち物・準備すること

■その他（留意すること）

資料3. 実習予定表

	日付(曜日)	配属クラス	クラス人数	行事予定及び実践予定
1	月　日(　)	組 (　　歳児)	男児　名・女児　名 　　　計　　　名	
2	月　日(　)	組 (　　歳児)	男児　名・女児　名 　　　計　　　名	
3	月　日(　)	組 (　　歳児)	男児　名・女児　名 　　　計　　　名	
4	月　日(　)	組 (　　歳児)	男児　名・女児　名 　　　計　　　名	
5	月　日(　)	組 (　　歳児)	男児　名・女児　名 　　　計　　　名	
6	月　日(　)	組 (　　歳児)	男児　名・女児　名 　　　計　　　名	
7	月　日(　)	組 (　　歳児)	男児　名・女児　名 　　　計　　　名	
8	月　日(　)	組 (　　歳児)	男児　名・女児　名 　　　計　　　名	
9	月　日(　)	組 (　　歳児)	男児　名・女児　名 　　　計　　　名	
10	月　日(　)	組 (　　歳児)	男児　名・女児　名 　　　計　　　名	

資料4. 実習生個人票

ふりがな		平成　　年　　月　　日生	写真貼付
氏名		（満　　　歳）	※裏面に学籍番号と氏名を記入 4㎝×3㎝
実習期間	(観察・参加実習) 令和　　年　　月　　日～　　月　　日（　　日間） （ 本 実 習 ） 令和　　年　　月　　日～　　月　　日（　　日間）		
現住所	〒 　　　　　　　　　　TEL　　　　　　（携帯）		
緊急連絡先	〒　　　　　　　　　　　　保護者氏名　　　　　　続柄 　　　　　　　　　　TEL　　　　　　（携帯）		
学歴	立　　　　　　高等学校　　平成・令和　　年卒業		
サークル・委員会 ボランティア活動			
資格・免許			
健康状況	※ アレルギー ： 有（　　　　　　　）・無		
特技			
趣味			
得意科目			
実習を通して学びたいこと （ 観察 ・ 参加実習 ）			
実習を通して学びたいこと （ 本実習 ）			

資料 5. 実習園環境構成図

実習園全体の環境構成図(各階・園庭)

保育室環境構成図(　　　　組　　歳児)

資料6. 日誌（時系列）

教 育 実 習 日 誌　　　　（　　日目）

月　日（　）天候（　　）	組 歳児	在籍者数		欠席者数	
		男児	名		名
		女児	名		名
		計	名		名

保育のねらい	主な活動（内容）
実習生の目標	

時間	環境構成	子どもの活動	保育者の援助・配慮	実習生の動き・気づき（●）

時間	環境構成	子どもの活動	保育者の援助・配慮	実習生の動き・気づき(●)

今日一日を振り返って（学んだこと・反省・考察）

ご指導・ご助言

指導担当者　　　　　印

資料 7. 日誌（時系列/エピソード記述）

教 育 実 習 日 誌　　　　（　　日目）

月　日（　）天候（　　）	組 歳児	在籍者数		欠席者数
		男児	名	名
		女児	名	名
		計	名	名

保育のねらい	主な活動（内容）
実習生の目標	

時間	環境構成	子どもの活動	保育者の援助・配慮	実習生の動き・気づき（●）

タイトル	場面・環境
エピソード①	考察

タイトル	場面・環境
エピソード②	考察

今日一日を振り返って（学んだこと・反省・考察）

ご指導・ご助言

指導担当者　　　　　　　　印

資料8. 指導案（部分実習）

実 習 指 導 計 画 （部分）

月　日（　　）	組　　歳児　　男児　　名／女児　　名　計　　名		
子どもの姿		ねらい	
主な活動		準備するもの	
時間	環境構成	予想される子どもの活動	実習生の援助・配慮
反省・考察			

資料9. 指導案(責任実習)

実 習 指 導 計 画 (責任)

月　　日（　　）	組　　歳児　　男児　　名／女児　　名　計　　名
子どもの姿	ねらい
主な活動	準備するもの

時間	環境構成	予想される子どもの活動	実習生の援助・配慮

時間	環境構成	予想される子どもの活動	実習生の援助・配慮

反省・考察

資料10. 訪問指導依頼書

訪問指導依頼書

学年・クラス・番号：	年　クラス　No.	氏名：

実習園名：
実習期間：　　年　　月　　日（　）　～　　月　　日（　）

園長氏名：	実習担当氏名：

実習園所在地：〒
実習園電話番号：

【本実習で学びたいこと】

【部分・責任実習予定表】

	実践日時	配属クラス・（　歳児）	実習内容
1日目	月　日（　）		
2日目	月　日（　）		
3日目	月　日（　）		
4日目	月　日（　）		
5日目	月　日（　）		
6日目	月　日（　）		
7日目	月　日（　）		
8日目	月　日（　）		
9日目	月　日（　）		
10日目	月　日（　）		

資料 11. 手遊び・童歌リスト

0〜1歳児	2〜3歳児	4〜5歳児	童歌
むすんでひらいて	キャベツの中から	はじまるよ	さがりめさがりめ
いとまき	3匹のこぶた	みつやサイダー	お寺の和尚さん
まぁるいたまご	のねずみ	やきいもグーチーパー	ずいずいずっころばし
あんぱんしょくぱん	グーチョキパー	食いしんぼうゴリラ	ちゃつぼ
手をたたきましょう	ろうそく	奈良の大仏	おしくらまんじゅう
大きな栗の木の下で	ピカチュウ	ちいさな畑	あんたがさどこさ
コロコロたまご	ワニのかぞく	ミッキーマウス	かごめかごめ
ひげじいさん	チョキチョキダンス	バスにのって	なべなべそこぬけ
りんごコロコロ	カレーライス	いわしのひらき	あぶくたった
おはなしおはなし	コンコンクシャン	ピクニック	ちょちちょちあわわ
おおきなたいこ	ガリガリかき氷	おべんとバス	おせんべい焼けたかな
あたまかたひざぽん	おはなしゆびさん	ごほんゆびのはくしゅ	アルプス一万尺
やさいのうた	やおやのおみせ	とけいのうた	いちりにりさんり
幸せなら手をたたこう	バスごっこ	スイカの名産地	もちっこやいて
こぶたぬきつねこ	だいじょぶ？ずこっ	おべんとうばこのうた	ゆうびんやさん
さかながはねて	ねばねば納豆	アイスクリームのうた	おちゃらかほい
パンダうさぎこあら	ミックスジュース	大阪うまいもん	いちじくにんじん
おやつのうた	はんぶんだけ見せて	パン屋さん	とおりゃんせ
いないいないばあ	歯を磨きましょう	おにのパンツ	さよならあんころもち
まつぼっくりのうた	おちたおちた	いっぴきおばけ	おてぶしてぶし
きのこ	からまったてへっ	ぼうがいっぽん	おふねがぎっちらこ
どんぐりころころ	むしむしじゃんけん	こぶたがみちを	はないちもんめ
とんとんアンパンマン（ドラえもん）	おもしろめがね	はみ出したチーズ	にんどころ
チョコレート	いろんなめがね	パン屋に5つのメロンパン	しょうがつさんのもちつき
せんせいとおともだち	かみなりどんがやってきた	大きくなったらなんになる	いちにのさんにのしのご
あくしゅでこんにちは	げんこつやまのたぬきさん	ペンギンマークの百貨店	いっぽんばしにほんばし

資料12. 絵本読み聞かせリスト

◎ 0〜1歳

書名	文／絵	出版社	出版年
いないいないばあ	松谷みよ子／瀬川康男	童心社	1967
かお　かお　どんなかお	柳原良平／柳原良平	こぐま社	1988
くっついた	三浦太郎／三浦太郎	こぐま社	2005
もこ　もこもこ	谷川俊太郎／元永定正	文研出版	1977
あっぷっぷ	中川ひろたか／村上康成	ひかりのくに	2003
おつきさまこんばんは	林明子／林明子	福音館	1986
うさこちゃんとうみ	ディック・ブルーナ／いしいももこ	福音館	1964
くつくつあるけ	林明子／林明子	福音館	1986
ふしぎなたまご	ディック・ブルーナ／いしいももこ	福音館	1964
だるまさんが	かがくいひろし／かがくいひろし	ブロンズ新社	2008

◎ 1〜2歳

書名	文／絵	出版社	出版年
きんぎょがにげた	五味太郎／五味太郎	福音館	1982
しろくまちゃんのほっとけーき	わかやまけん他／わかやまけん他	こぐま社	1972
ねないこ　だれだ	せなけいこ／せなけいこ	福音館	1969
がたん　ごとん　がたん　ごとん	安西水丸／安西水丸	福音館	1987
しろくまのパンツ	tupera tupera／tupera tupera	ブロンズ新社	2012
じゃあじゃあびりびり	まついのりこ／まついのりこ	偕成社	1983
くだもの	平山和子／平山和子	福音館	1981
ちいさなねこ	石井桃子／横内	福音館	1967
ぐりとぐら	なかがわりえこ／おおむらゆりこ	福音館	1967
ありのぎょうれつ	徳田之久／徳田之久	童心社	2001

◎ 2〜3歳

書名	文／絵	出版社	出版年
あおくんときいろちゃん	レオ・レオーニ／レオ・レオーニ	至光社	1967
おむつのなか，みせてみせて	HF・ヘネヒテン／HF・ヘネヒテン	パイ・IN	2018
うずらちゃんのかくれんぼ	きもとももこ／きもとももこ	福音館	1994
ぞうくんのさんぽ	なかのひろたか／なかのひろたか	福音館	1968
ぼくのくれよん	長新太／長新太	講談社	1993
わたしのワンピース	にしまきかやこ／にしまきかやこ	こぐま社	1969
はらぺこあおむし	エリック・カール／もりひさし	偕成社	1976
もりのなか	まさきるりこ／M・H・エッツ	福音館	1963
パンダ銭湯	tupera tupera／tupera tupera	絵本館	2013
ふたごのたこたこウインナー	林木林／西村敏雄	ひさかたC	2014
ねずみさんのながいパン	多田ヒロシ／多田ヒロシ	こぐま社	2000
ずーっとずっとだいすきだよ	H・ウィルヘルム／H・ウィルヘルム	評論社	1988
おでかけのまえに	筒井頼子／林明子	福音館	1981

◎ 3～4歳

書名	文／絵	出版社	出版年
おおきくなるっていうことは	中川ひろたか／村上康成	童心社	1999
だるまちゃんとてんぐちゃん	加古里子／加古里子	福音館	1967
どうぞのいす	香山美子／柿本幸造	ひさかたC	1981
ちっちゃなねずみくん	なかえよしを／上野紀子	ポプラ社	2015
かみなりどんがやってきた	中川ひろたか／あおきひろえ	世界文化社	2014
はじめてのおつかい	筒井頼子／林明子	福音館	1976
あおい目のこねこ	瀬田貞二／エゴン・マチーセン	福音館	1965
ねずみくんのチョッキ	なかえよしを／上野紀子	ポプラ社	1974
おおきなかぶ	内田莉莎子／佐野忠良	福音館	1962
なつのおとずれ	かがくいひろし／かがくいひろし	PHP研究所	2008
おばけのてんぷら	せなけいこ／せなけいこ	ポプラ社	1976
わたしとなかよし	N・カールソン／N・カールソン	瑞雲舎	2007
いたずらきかんしゃちゅうちゅう	むらおかはなこ／B・R・バートン	福音館	1961

◎ 4～5歳

書名	文／絵	出版社	出版年
いいからいいから	長谷川義史／長谷川義史	絵本館	2006
ぐるんぱのようちえん	西内みなみ／堀内誠一	福音館	1966
でこちゃん	つちだのぶこ／つちだのぶこ	PHP研究所	2000
999ひきのきょうだいのおとうと	木村研／村上康成	ひさかたC	2014
ノラネコぐんだんおすしやさん	工藤ノリコ／工藤ノリコ	白泉社	2015
11ぴきのねこ	馬場のぼる／馬場のぼる	こぐま社	1967
かいじゅうたちのいるところ	M・センダック／じんぐうてるお	富山房	1975
てぶくろ	うちだりさこ／E・M・ラチョフ	福音館	1965
どろんこハリー	J・ジオン／M・B・グレアム	福音館	1964
きょうはなんのひ？	瀬田貞二／林明子	福音館	1979
からすのパンやさん	加古里子／加古里子	偕成社	1973
ぼくのトイレ	鈴木のりたけ／鈴木のりたけ	PHP研究所	2011
こんとあき	林明子／林明子	福音館	1989

◎ 5～6歳

書名	文／絵	出版社	出版年
ティッチ	P・ハンチンス／P・ハンチンス	福音館	1975
スイミー	L・レオーニ／谷川俊太郎	好学者	1969
3びきのやぎのがらがらどん	瀬田貞二／M・ブラウン	福音館	1965
もうぬげない	ヨシタケシンスケ（文／絵）	ブロンズ新社	2015
おふろだいすき	松岡享子／林明子	福音館	1982
おばあちゃんのたんじょうび	くすのきしげのり／いもとようこ	佼成出版社	2010
けんかのきもち	柴田愛子／伊藤秀男	ポプラ社	2001
おこだでませんように	くすのきしげのり／石井聖岳	小学館	2008
しんでくれた	谷川俊太郎／塚本やすし	佼成出版社	2014
100万回生きたねこ	佐野洋子／佐野洋子	講談社	1977
しろいうさぎとくろいうさぎ	松岡享子／G・ウイリアムズ	福音館	1965
どうながのフレッシェル	M・レイ／H・A・レイ	福音館	1978
シナの5にんきょうだい	C・H・ビショップ／K・ウィーゼ	瑞雲舎	1995

資料 13. 遊びリスト

　遊びのリストを示すので，年齢，人数，室内・戸外，遊具は何か，身に付く力（ねらい），配慮・工夫することをよく調べてから，実習に取り入れてみるとよいでしょう。

サイレントゲーム	むっくりくまさん	ドン・じゃんけん	三色おに
ジェスチャーゲーム	ぴよぴよちゃん	王様じゃんけん	十字架おに
伝言ゲーム	あぶくたった	忍者ごっこ	引っ越しおに
連想ゲーム	ことろことろ	身体じゃんけん	しっぽとり
ことば集め	とおりゃんせ	あいたたじゃんけん	どろけい
しりとり	だるまさんがころんだ	ボール送りゲーム	すわり／たちずもう
なぞなぞ	はないちもんめ	フラフープ取りゲーム	転がしフープおに
逆さ言葉	かごめかごめ	いすとりゲーム	転がしドッジボール
色・形・音さがし	なべなべそこぬけ	お尻すすみ走	色板返し
しりもじ	あんたがたどこさ	いろおに	フープくぐり
落ちるまで拍手	おしくらまんじゅう	こおりおに	新聞びりびり
名探偵ゲーム	ねこ・ねずみ	かげおに	新聞かけっこ
タケノコニョッキ	フルーツバスケット	てつなぎおに	新聞島
猛獣狩りにいこうよ	ハンカチ落とし	ふやしおに	新聞じゃんけん
震源地ゲーム	じゃんけん列車	たかおに	新聞紙てっぽう

著者略歴

佐々木　郁子（ささき　いくこ）

　保育園で働きながら、埼玉大学大学院教育学研究科教科教育学専攻生活創造専修家庭分野修士課程修了。修士（教育学）。東京経営短期大学実習支援センター長、静岡福祉大学子ども学部子ども学科教員を経て、2023年から郡山女子大学短期大学部幼児教育学科教員。また、全国の自治体が主催する教員研修や保育者研修の講師を務める。

保育者養成校の学生のための実習ガイドブック
〜 教育実習・保育実習のための完全ガイド 〜

2025年3月20日　第1版　第1刷　印刷
2025年3月30日　第1版　第1刷　発行

　　著　者　　佐々木　郁子
　　発行者　　発田　和子
　　発行所　　株式会社　学術図書出版社

〒113-0033　東京都文京区本郷5丁目4-6
TEL 03-3811-0889　振替 00110-4-28454
印刷　中央印刷（株）

定価は表紙に表示してあります．

　本書の一部または全部を無断で複写（コピー）・複製・転載することは，著作権法で認められた場合を除き，著作者および出版社の権利の侵害となります．あらかじめ小社に許諾を求めてください．

© I. SASAKI　2025　Printed in Japan
ISBN978-4-7806-1357-5　C3037